EMOTIONAL SALES TECHNIQUE

ヒトは感情で決断する

森下康幸
MORISHITA YASUYUKI

幻冬舎 MC

EMOTIONAL SALES TECHNIQUE

森下康幸
MORISHITA YASUYUKI

ヒトは感情で決断する

はじめに

「商品は良いものなのに、その魅力がうまく伝わっていない気がする」

「お客さまは興味を持ってくれているはずなのに、クロージングしきれない……」

私のもとには、このような相談にやってくる営業マンが少なくありません。

2019年に行われた「日本の営業実態調査2019」によると、営業マンの85・9%が営業活動に何かしらの不安を抱いていることが分かります。不安内容の1位は「お客さまと関係構築できているか」(51・4%)、2位が「お客さまに話が正しく伝わっているか」(50・3%)、3位が「提案内容は適切か」(43・5%)でした。この結果から、営業マンは日々お客さまの考えや心境などが把握できない不安を抱えていることが分かります。

こういった不安を取り除き、営業力を高めていくためには、どうすればいいのでしょうか。

来店されるお客さまのモチベーションレベルはさまざまです。「買うことを決めて買う気で来ている」「買うことは決めているが競合他社のものと迷っている」「いつかは欲しいが今ではない」「暇つぶしで来ており、買う予定はない」、あなたはどのレベルのお客さままで取り込めているでしょうか。

私たちがさらなる成果を上げていくには、競合他社ではなく自社を選んでいただき、〝今〟ではない方に〝今〟買っていただき、買う予定のない方に衝動買いをさせてしまう必要があります。

本編で詳しくご説明させていただくのですが、成約率を高めていくためには、ただただ商品の説明をするというだけではなく、その商品を通して、お客さまの生活がどのように好転するのかをイメージしていただく必要があります。そのためには、お客さまがどんなニーズや課題を持っているのかを見つけ出していかねばなりません。

ところが、これらはお聞きしようとしても教えてもらえないことが多くあります。それどころか、お客さま自身がご自身のニーズや課題に気づいていないことがほとんどなのです。相手の心を解きほぐし、隠れたニーズを拾い出しながら信頼関係を構築し、自覚のなかった課題に目を向けていただく。そうしてお客さまだけのベストマッチな提案をする。

このような「本人も気づいていないニーズ」を拾いあげるスキルを磨き上げれば「営業」はますます面白く、魅力を感じる仕事になるでしょう。また、誠心誠意取り組むことで、お客さまから〝心からのありがとう〟をいただくことができ、果ては、億単位の収入を得られるような能力を培うことができる夢のある仕事なのです。

営業のスキルを磨くことで、営業が魅力的な仕事になり、収入も増やせると自信たっぷりにいえるのは、私の経歴を見ていただければ分かります。

私は高校卒業後、大手アパレルメーカーに就職し、社内販売員約1万2000人中3位の販売実績を残しました。その後、何度か転職して、医療機器メーカーや外資系大手ホテルグループのリゾート会員権販売部門・大手財閥系デベロッパーでのマンション販売部門など、業界や商品を問わず、全国トップの成績を打ち出してきました。

以降は会社を立ち上げ、不動産開発とM&Aのコンサルティングを行う会社の代表を務めるかたわら、営業マンを育てるトレーナーとして日本全国を飛び回っています。

プライベートでは、金額を気にすることなく好きな場所へ旅行し、好きな車に乗って、好きな洋服や時計を身につけ、好きなレストランでソムリエが勧めてくれるワインを飲んで……、ハッピーで感謝に満ち溢れた毎日を送っています。

さて、嫌味なほどに自慢をさせていただきましたが、私が今に至るまでさまざまな種類の営業活動を経験し、いちばん大事にしてきたこと……。

それはお客さまの潜在的ニーズを見抜き、戦略的に本能をくすぐり、感情を揺さぶることです。お客さまが購入したくなるよう、いくつもの仕掛けを施し、クロージングに導いていく。

本書では、私がこれまで実践してきた〝トップ営業マン〟になるためのノウハウを紹介していきます。

机上で勉強する類いの心理学や、専門的・学術的なことは私の知るところではありません。本書でご紹介するエモーショナル・セールス・テクニックとは、私が数々の営業現場で考え、実際に試し、検証と改良を重ねてつくってきたものばかりで、まさに現場で使える心理術なのです。

本書が、いつかどこかで最強営業マンを生み出すきっかけになれば、著者としてこの上ない喜びです。

本書を手にするという行動を起こしたあなたは、すでに最強営業マンへの道を一歩踏み出しているのです。

さあ、はじめましょう!

【目　次】

はじめに………02

序章　ヒトは感情で決断する生き物──

〝ヒト〟だけが持つ4大欲求《食欲・性欲・睡眠欲・承認欲求》………17
理性的判断と感情的判断………22

第1章　【アポイント編】アポ取りは時間との闘い　相手との距離感を一気に縮めよう

嫌われたくない日本人、ゆえに断れない日本人………26
アポ取りに役立つ小技集………31
その一　あえて、感情を声にする………31
その二　魔法の言葉『買ってくださいというような電話ではありません』………34
その三　魔法の言葉『一つだけいいですか？』………37
その四　魔法の言葉『ものさしを作りませんか？』………44

【コラム】 くだらない動機でも、人生を踏み出すきっかけになる……… 51

第2章 【アイスブレイク編】初対面の警戒心を打ち破る

アイスブレイクを苦手と考える営業マンが多い……… 54
警戒心の正体とは……… 55
ノンバーバルメッセージ……… 59
身だしなみ……… 61
笑顔……… 67
声の質……… 69
自己紹介のコツ……… 73
初対面が2回目になる魔法……… 78
【コラム】 トップセールス=最強に図太い……わけではない……… 81

第3章

【ヒアリング編】面白いほど相手が饒舌になる超会話テクニック

見た目からのプロファイリング……84
見た目で判断する感覚を養おう！……93
ヒアリングとはDBMの発掘とOBJの把握である……97
褒めて共感して饒舌に……101
褒め方テクニック集……103
《本人の不在時を狙う》……103
《本人ではなく隣のパートナーを狙う》……105
《あえてディスる》……106
《同じ土俵で褒める》……107
《失敗を讃える》……109
《道具を褒める》……110
オープンクエスチョンで感情を引き出す……112
レッテルを貼っておく……115
【コラム】あくまでもお客さまのため、感謝を忘れずに……119

第4章 【商品説明編】ショータイムのはじまり

興味付け……122
YES獲り……124
あるとき、ないとき……127
成約例と紹介例は必ず話そう……130
OBJの芽は摘み取っておく……133
リンキング……140
プレクロージング……144
【コラム】弱点を認め、克服するすべに磨きをかける……148

第5章 【クロージング編】理屈のブレーキを振り払え！ 本能に訴えかける魔法の成約術

クロージングとは、良き理解者として背中を押してあげること……152
なぜあなたに合っているのかを伝える……155
NOをもらってからがスタートと心得よう……158
決断すべきときは、独りぼっちにしていく……162

○州力も、思わず言ってしまうアレ……164
怒らせて泣かせるくらいがちょうど良い……165
沈黙はチャンス……174
【コラム】感謝の心は自分に戻ってくる……179

最終章 結果を求められているすべてのヒトへ

〝誰にでもできること〟を〝誰にもできない〟くらいやる……184
『逆算と細分化』を習慣化しよう……185
おわりに……190

序章

ヒトは感情で決断する生き物――

あなたが思い余って他人を殺めてしまうようなことは起こり得るのでしょうか？

「唐突になんてことを聞くんだ！」と思うかもしれませんが、ぜひよく想像し、考えてみてください。

本書を手にしている皆さまのうち圧倒的多数の方が、多少の個性や大なり小なりの差はあれども、ざっくり広い意味で、一般的な環境のもとで生まれ、育ち、社会に出て、完全な真面目とはいえないかもしれない……までも、いわゆる常識の範囲で行動し生活しているはずです。

さあ、そんなあなたが思い余って尋常ではないような行動を取るとしたなら、そこにはどんな背景があり、どんな場面があるのでしょうか？

次のような場面を想像してみてください。

A……東京・丸の内の交差点で、いかにもスマートなビジネスマンが声を出して泣いている

B……優しそうな女性が、向かいから歩いてくる男性に気が付いた瞬間、突然すさまじい剣幕でつかみかかった

C……静かな電車の中、スマホを眺めていた青年が、突然大きな声を上げてガッツポーズ！　そのあと我に返り恥ずかしそうにしている

これらの事例は、通常であれば取らない非常識な行動です。では、普段はごく一般的な〝普通のヒト〟がこのような行動を取ってしまったのなら、そこにはどんな背景があったのでしょうか。それぞれの背景を理解すれば、その行動が納得できるかもしれません。

A……突然の電話で、愛する人が不慮の事故で他界したことを告げられた……。悲しい感情を抑え切れず、衝動的に人目をはばからずに泣いてしまった

B……向かいから歩いてくる男性が大切な妹をだまし、すべてを奪い、深い心の傷を負わせた憎い結婚詐欺師だった。激しい怒りの感情が抑え切れず、怒鳴りながらつかみかかった

C……女手一つで育ててくれた母の期待を一身に背負い、一生懸命勉強し、良い大学に入ることができた。自己表現が苦手で就職活動がうまくいっていなかったが、20社目にしてようやく内定通知のメールが届いた。喜びを抑え切れず、つい大声を出してしまった

このような背景があったとすれば、常識的な感覚を持ち合わせているあなたでも、泣いたり、怒ったり、大声を出して喜ぶといった、いわゆる非常識な行動を取ってしまうのではないでしょうか。

私が申し上げたいのは、ヒトが常識では考え難いような突拍子もない行動を取るとき、必ず〝喜・怒・哀・楽〟など、いずれかの感情が大きく揺れ動くということなのです。

同じように、営業の場面でいえば、まったく買う気がなかったはずのヒトが、身の丈に合わないほどの高額商品を衝動的に買ってしまうという行動も、いわゆる非常識な行動といえるのです。

あなたが営業として大きな成果を上げ、トップセールスマンになるためには、お客さまに前述のような非常識な行動を取っていただかなければいけません。そして、少しでも多くこのようなケースへと導いて、成約率を高めていくことが必須となります。そのためには、お客さまの感情を大きく揺さぶるようなプレゼンテーションをしていかねばなりません。感情の揺さぶりを演出し、相手を大きな決断へと導くことに徹底的にこだわり、意図して行えるよう磨き上げた技術こそが、私の提唱するエモーショナル・セールス・テクニックなのです。

〝ヒト〟だけが持つ4大欲求《食欲・性欲・睡眠欲・承認欲求》

動物の3大欲求という言葉を聞いたことがあると思います。皆さんもよくご存じの3つの欲求「食欲・性欲・睡眠欲」です。これらは生きて、遺伝子をつなぐという生き物として存続していくためのいわゆる本能的な欲求です。

ただし、〝ヒト〟にとって、その3つの欲求はほかの動物にはない複雑性を持っています。食欲でいえば、ただ食べるのではなく、「高級ホテルのオシャレな空間で有名シェフが作ったあの料理を一度は食べてみたい！」というように、場所や誰が作ったか、誰と行くのか、ジャンルやクオリティへの欲求も加わります。

性欲に関しても、ただただ遺伝子を残すといった原始的なものからかけ離れており、もはや生き物としての本懐を逸脱したような状況です。風俗産業の多様さからも、その複雑さが見て取れます。また、特にこの性欲についてはヒト独自の発展を遂げ、さまざまな欲求や感情を創り出しているように思います。

例えば、異性を獲得するための競争は、ある鳥ならきれいな音を出して鳴いたほう、ある肉食動物なら戦いに勝ったほう、ある昆虫はより大きく美しい羽を広げて見せたほうというように、動物の種類は多数ですが、その手段は面白いことにそれぞれの動物で一つだけです。

では、ヒトはどうでしょうか？　よりサッカーがうまいほう、より力持ちのほう、よりスタイルがいいほう、よりファッションセンスがいいほう、より優しいほう、より面白いほう、より高収入のほう……。もう際限がないほど、選別手段は多種多様です。けれど、その目的はただ一つ。異性に認めてもらうことなのです。そして、それは単純な性欲を超越し、認めてほしいという欲求だけが独り歩きしている。もはや人間独自の1大欲求となっています。

さて、この〝ヒト〟ならではの認めてほしいという1大欲求について触れておきましょう。

人間が本能的に備えているものの一つに「世の中に理解され、認められたい」という欲求があります。これを「承認欲求」といいます。誰だって、世間から認められればうれしい気持ちになりますし、逆に周囲から無視されたり、侮蔑されたりするときほどつらいも

図表1　マズローの欲求5段階説

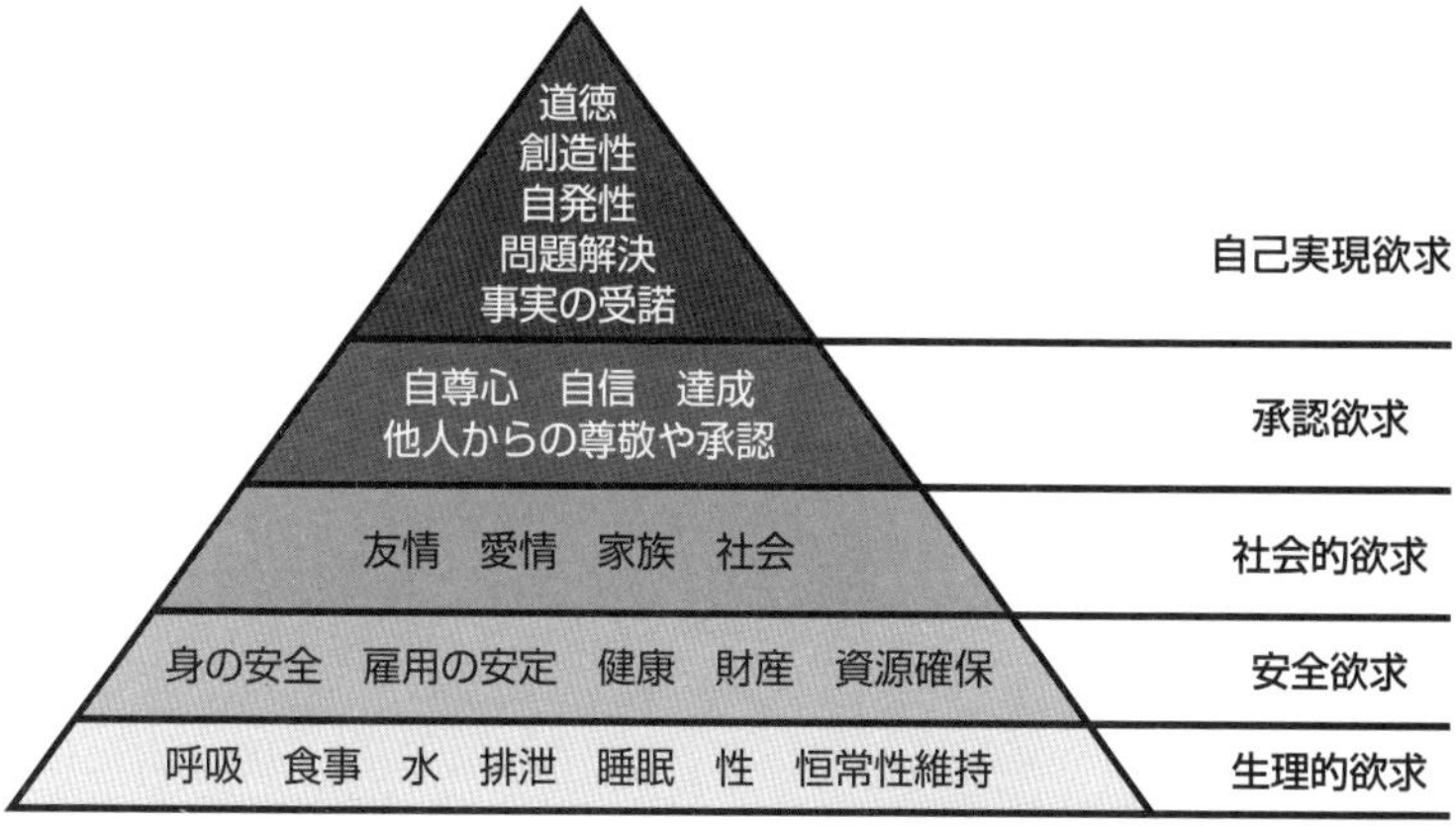

（参考資料：独立開業・起業のお役立ち用語集『フランチャイズ大辞典』）

のはありません。人間は死ぬまで、周囲に認められたい生き物なのです。

マーケティングの世界でよく使われるものに、アメリカの心理学者マズローが唱えた「マズローの欲求5段階説」があります（図表1）。

第1段階　生理的欲求：生きていくために必要な欲求

第2段階　安全欲求：安心・安全な暮らしを求める欲求

第3段階　社会的欲求：友人や家庭、会社から受け入れられたいという欲求

第4段階　承認欲求：他者から尊敬され、認められたいという欲求

第5段階　自己実現欲求：自分の世界

観や人生観に基づいて、あるべき自分になりたいという欲求
第1段階から第5段階に向かって高次な欲求になっていきますが、第5段階の自己実現欲求については複雑な話になるので本書ではスルーさせていただきます。

営業のアプローチで活かせるのが、第3段階の社会的欲求と第4段階の承認欲求への理解です。特にこの承認欲求については、食欲・性欲・睡眠欲に並ぶ欲求として、4大欲求の一つと私は位置付けています。

社会的欲求とは自分がどこに所属しているかという「帰属」に関する欲求のことです。簡単にいうと、「仲間外れはヤダ！　チームの一員でいたいよ！」という欲求のことです。

次に承認欲求は、他者からの尊敬や名声などによって心が満たされるというような欲求のことを指します。

学生時代、良い成績を取って親や周りに褒められたいという一心で、勉強を頑張ってきた人は少なくないはずです。逆に、成績や日ごろの行いが悪いことで周囲や世間から冷たい目で見られ、疎外感や劣等感に駆られるようなこともあったでしょう。

かくいう私も、この承認欲求が満たされず、劣等感を強く感じていた時期がありました。

私には双子の弟がいるのですが、彼は幼い頃から物覚えが良く、器用で勉強もスポーツ

も万能。バレンタインにはチョコレートが弟へいくつも贈られる一方で、私は毎年恒例のゼロ！　そんな弟は周囲の期待どおりに東大に一発合格し、この国の根幹を担う大企業に就職。家族や親族に祝福され、両親からすれば、まさに自慢の息子となったかたわらで、高校卒業後、ショップ店員をしながら呑んで踊って、チャラチャラした日々を送っていた私への評価は、弟へ向けられたそれとは正反対のものでした。そしてそのあと、両親をはじめとした周囲の人間を見返してやりたい！との思いから一念発起し、今日までの道を歩むことになりました。まさに、私自身が承認欲求を満たすために人生を歩んでいるのです！

さて、この承認欲求は時として大きな行動を起こさせることがあります。

何かを成し遂げるために飲まず食わずで、命を削って頑張る、国の平和のために命を懸ける、いじめられて尊厳を傷つけられ自殺してしまったなど、ドラマティックなエピソードや悲しい事件を見聞きしたことがあるかと思います。

そんなふうに、人間は、名誉のために人生を捧げたり、尊厳を傷つけられたために自ら命を絶ってしまったりします。つまり、命を懸けてしまうくらいの究極の欲求が承認欲求なのです。承認欲求を理解し、意図的にコントロールできたとしたら、日々の営業活動は確実に大きく変わっていくはずです。

理性的判断と感情的判断

あなたにもこのような経験はないでしょうか。

- 夕方、タイムセールのお惣菜を狙ってスーパーでお買い物
- お酒はいつもディスカウントストアで発泡酒をまとめ買い
- コインパーキングは周囲と比較し、少しでも安いところに駐車する

日々の生活で、このような節約を心掛けている人でも、いざ特別な節目や大切な人のために、または大好きな趣味のためなど、おかれた状況次第では、

- 結婚記念日に旅先で1泊十数万円もするような5つ星ホテルに泊まる
- 100万円を超える憧れの腕時計を購入する
- 一晩で30万円もする高級クラブできれいな女性に囲まれながら呑む

などといった豪快なお金の使い方をしてしまうことがあると思います。

つまり同じ人間であっても、日常で必要な生活必需品を購入するときと、特別な贅沢をするときでは、「お金」に対する価値観が大きく変化するのです。

普段は「少しでも安いほうを……」と理性を働かせて購入を決めている人も、「たまには良いものを……」と感情を優先し、特別な時間を過ごすためにお金を使ったり、贅沢品を購入したりする一面を併せ持っているのです。

ヒトは購入を決定する際、ブレーキの「理性」とアクセルの「感情」という二つの判断軸を持っています。そして、まず理性で判断しようとします。

そんな人間の特性をよく理解したトップクラスの営業マンは、戦略を立てて心理的テクニックを駆使し、意図的にお客さまを理性的判断から感情的判断へと導いていきます。これによってお客さまは知らず知らずのうちに、高価で上質なモノの購入を決めているのです。このあたりの具体的なテクニックについては、第4章と第5章で詳しく解説していきます。

私のところへ相談に来られる方から、「トップセールスマンが書いた営業テクニック本を何冊も読み、テクニックも勉強しているのに成果が上がらない……」というお悩みの声をよく耳にします。うわべだけのトーク術や営業テクニックをただまねするだけでは、トップ営業マンに近づくことはできません。

大切なのは「なぜその言葉を使うのか」「なぜそのような行動を取るのか」という本質をとらえることです。その〝なぜ〟を明確にし、目的をもって発せられた言葉や行動でなければ強い説得力は伴わず、ひいてはお客さまに伝わらないのです。

つまり、世の中のトップセールスマンが駆使するトーク術や営業テクニックの源泉は、人間の特性をよく理解し、得られた情報を基に立てた緻密な戦略なのです。

皆さまも土俵に立つ前に、まず人間の特性への理解を深めてください。お客さまの感情を大いに揺さぶってこそ、面白いほどの成果を打ち出せるようになるのです。

第1章

【アポイント編】
アポ取りは時間との闘い
相手との距離感を一気に縮めよう

気になるあのコと交際したい……。自社の製品を検討してもらうため、○○部長になんとか会いたい、etc. ……。

相手から承認を得て成果を上げるためには交渉が必要だ。そのためには交渉をするための機会をつくってもらわなければならない。

そう、まずはアポを取らなければ何も始まらないのだ。しかしながら、このアポ取りに苦手意識を持つ方が多いようです。

本章ではアポを取るために必要な心構えと、簡単なテクニックを紹介していきたいと思います。

嫌われたくない日本人、ゆえに断れない日本人

相手から合意の意思を引き出すためには、まず相手の特性を知っておかなければなりません。そしてその情報が多く、詳細であればより良いのですが、アポ取りの段階では相手の情報を持っていないことのほうが多いはずです。そこでアポを取る段階ではざっくりした人間の特性を理解してそこを攻めるようにします。

日本の本屋さんで販売されている、日本人の私が書いた日本語の本書を手にした皆さまのご職業は、高確率で日本人相手のビジネスであると思いますので、私の独自見解による日本人の気質についても触れておきたいと思います。

……その昔、年間を通じて温暖な地域では、食料が常に供給されていたため、主に狩猟が発達したと推測されます。また、季節や環境に変化があろうとも、陸続きの大陸では食料を求めて拠点を移していくこともできたであろうと考えられます。

しかし、容易に移動がかなわない四季のある島国での生活……、食料の確保が非常に困難となる厳しい冬を、我々の祖先はいかにして乗り越えてきたのでしょうか。

きっと、育み、蓄えるということが生きていくすべであったに違いありません。そして、そのような環境では、ほかに先んじて獲物を仕留めるような攻撃的な資質よりは、和を乱すことなく協調し、育むような保守的な資質のほうが重要で、他者より目立って英雄になることよりも、はみ出すことなく組織に属することを大切にしていたと考えられます。

このような背景があり、今日の日本人気質が形成されたのだろう……と、遠い昔のご先祖さまたち、その営みに思いをはせながら、私は次のように決めつけるのです。

日本人の深層に根づく思考パターン

○手に入れることより **失わない**こと
○大きな成果より **確実な成果**
○得をすることより **損をしない**こと
○トップになることより **落ちこぼれない**こと
○好かれることより **嫌われない**こと

このように、日本人の多くが〝プラス〟を積み上げることよりも、〝マイナス〟を排除することを優先しようとする思考を持っていると考えています。このことを理解しているか否かで言動の要素が大きく変わることでしょう。相手を知らず、相手をくすぐることはできません。

さて、本項では、特にこの日本人の「嫌われたくない」という思考のクセをアポ取りで利用することをおすすめしたいわけですが、この嫌われまいとするクセについては、皆さまにも覚えがあるのではないでしょうか。

例を挙げてみよう。

職場の上司が差し入れのケーキを持ってきてくれた。そして、お節介なお局さまはこのような場面で、決まって望まぬ活躍を見せるものである。あとでいただきますと言えばいいものを頼んでもいないのに取り分け、みんなに配り始めている……。

あなたは並々ならぬ決意をもってダイエットに取り組んでおり、努力の甲斐もあって、結果も出始めている。できれば断りたいと思いながらも、紙皿を手にしたお局さまが目の前に立ったそのとき、あなたの口から飛び出した言葉は、「わぁ、おいしそう！　ありがとうございます」。

さらに例を挙げてみよう。

その日は、毎週欠かさずに見てきたドラマの最終回放送日。午前中の会議、ピリピリと張り詰めた空気のなか、上司と先輩は滑稽なほどに熱く、真剣に議論しているが、末席に座る新人の自分は空気のような存在。頭のなかは今晩のドラマについて「真の黒幕は誰……？　主人公の立場はどうなる……？」などと考察している。
今日はなんとしても急いで帰宅しよう！と心に決めていたにもかかわらず、仲良くなり始めた同期たちから「仕事終わりにみんなでご飯に行こうよ！」と誘われてしまった。男子も女子も全員参加するとのこと。「もちろん！」と答えたあなたはこっそり実家の母に電話して録画を依頼するのであった。

このように、我々日本人は元来「ＮＯ」と言うことが苦手です。本当は断るつもりで言った言葉も、その表現があいまいなため結局断り切れなかった……というような経験がどなたにもあろうかと思います。そう、不思議にも無意識のうちに、なんとなく〝ＫＹと思われたくない〟〝嫌われたくない〟という心理が働いてしまうのです。そしてそれは、赤の他人に対しても発動してしまうものなのです。時として、その相手が営業マンであっても……。その心理をアポイントに活用した例を紹介します。

アポ取りに役立つ小技集

その一　あえて、感情を声にする

ある朝、通勤で混雑する電車を降りようとしたとき、後ろからバン！と足に鞄をぶつけられる。ぶつけた本人は謝るどころか舌打ちをして私を抜かして行った。心の奥の、黒い扉を開けてしまいそうになる瞬間です。こんなときばかりは、八方美人な私も、すべてを呪いたくなるような激しい怒りが一瞬だけ顔をのぞかせる。階段を上っていく男の背中をにらみつけていると、彼のポケットから携帯電話が落ちてきた。混雑時の喧騒で彼は気づいていない。暗黒に染まった私の判断は、無論、スルーして立ち去ることだった……。

私がそうであったように、多くの方が感じの悪い人に「何かをしてあげよう」とは思わないはずです。しかし、もし鞄をぶつけてしまった彼がちゃんと謝罪するような感じの良い人であったなら、落とした携帯電話は即座に彼の手元に戻ってきたはずです。

人は、誰かを支え、誰かに支えられながら生きています。「そこのペンを取ってくれない？」「3分だけ待ってくれる？」「朝、起こしてもらえるかな？」という具合に、私たちは大なり小なり他人に何かをお願いし、他人のちょっとした親切心に支えられながら生きています。

感じの良い人 or 感じの悪い人

どちらがより、物事を円滑に進められるでしょうか？　人生を良い方向に持っていくことができるでしょうか？　間違いなく、感じの良い人でしょう。

それは、営業の場面であればなおさらです。特にアポイントを取れるかどうかは第一印象で決まることが多いものです。逆に、第一印象で感じが良いと思ってもらえなければ、アポイントを取るのは難しいともいえます。であれば、短時間で好印象を持ってもらえるように感じの良い人になる必要があります。

感じの良い人・好感が持てる人とは、具体的にはどのような人なのでしょうか？　私が考えるに、最も重要なのは〝共感できる人か否か〟ということです。

では、共感できる人とはどんな人なのでしょうか。それは〝分かりやすい人〟です。考えていることが理解できれば、自分との共通点が見つけやすくなり、それが共感につながっていきます。逆に、何を考えているか分からないような人が共感を得ることは難しく、時としてあらぬ誤解を招くこともあるに違いありません。

では、こんなシーンを想像してみてください。あなたが、部下を食事に連れていってあげたとします。

A君……真面目なA君は緊張したような表情で、「今日はありがとうございました」と礼を言って去って行った。

B君……いつも明るいB君は、目を細めた笑顔で、「誘っていただいてうれしかったです！本当においしかったし、楽しかったです！　ありがとうございます！」と礼を言って去って行った。

たったこれだけのシーンですが、どちらがよりシンパシーを感じ、好感を持てるかは明白です。分かりやすい人を演出するために最も大切なのは、感情を言葉に出すことなのです。

このことを理解し、〝どんな顔で・どんな声で・どんな言葉を〟使えばいいのかを、自分のなかで明確にしておく。そうすれば、アポイントを取れる確率が大きく変わってくることでしょう。

その二　魔法の言葉『買ってくださいというような電話ではありません』

朝からのんびりとソファに座り、コーヒーを片手に録りためていたドラマを観ている。そんな休日の束の間のくつろぎに、突如リビングに響きわたるけたたましいコール音。仕方なくソファから立ち上がり受話器を取ると、いきなり「○○株式会社の○○と申します。ただいまお時間……」とまくしたててきた。この瞬間にあなたは、「チッ！　またセールスかよ！」と心のなかでつぶやく。頭のなかでは、さっさと電話を切ることしか考えていない……。

こうなってしまっては、もうセールストークやアポ取りどころではありません。「これはヒドい！」と感じた方も多いかもしれませんが、電話でのアポ取りの多くは、これと似たようなもの。私にいわせれば、世の中で最もお呼びでない、忌み嫌われる電話がセールス＆勧誘なのです。

ヒトは、セールス＆勧誘の電話がかかってきた時点で、本能的に拒否反応を起こします。電話を受けた側にしてみれば、とにかくウザくて嫌なもの。それが真理です。実際、営業活動で電話をかけると、内容を話す以前に切られてしまうというお悩みの声を本当に多く耳にします。

ではこのような場合、どう立ち向かえばいいのでしょう。

答えはとてもシンプルで、最初の段階で〝セールスではないと思わせる〟のです。あなたは確かにセールスマンです。そのことを偽れといっているのではありません。相手がセールスの電話ではないと感じ、警戒心を解いてくれればいいのです。それが可能になる、なんとも都合の良い便利な魔法の言葉。それが、『買ってくださいという電話ではありません』です。

よく考えてみてください。あなたは、その電話でいきなり買ってくださいとは言わないはずです。もちろん、のちにご契約いただくことになるのですが、最初の電話でただちに契約して何かを買ってもらうわけではありません。そういう意味でいえば、『買ってくださいという電話ではありません！』という言葉に、嘘偽りはないのです。

ここで、私が以前研修をさせていただいたリフォーム会社で、実際に受けたご相談の一例をご紹介させていただきます。

こちらの会社は、主に戸建ての屋根の補修や外壁塗装などを請け負う会社で、築年数が経過した家を見つけては飛び込み、電話帳や名簿を開いて電話をかけるという営業方法を取っていました。

「もしもし、私、○○工務店の瓜田伊蔵と申します。A様のお宅でしょうか？　外壁の塗装などをさせていただいている……」と話し始めた瞬間に、「ウチは結構です！」と切られてしまうパターンが圧倒的に多い状況でした。それに対し、次のように魔法の言葉を活用するようアドバイスしました。

営業マンの瓜田（以降：瓜田）「もしもし、突然恐れ入ります。A様のお宅でしょうか？」

A様「そうだけど？」

瓜田「私○○工務店の瓜田伊蔵と申します。あ、何かを買ってくださいというようなセールスのお電話ではございません。少しおうかがいさせていただきたいことがあってのお電話なのですが、お忙しいと存じます。本当に、2、3分ですのでご協力お願いします」

A様「まあ、2、3分なら……」

契約を取るためには交渉を、交渉するためにはアポイントを取らなければいけません。そのためにはまず、切られることなく会話に持ち込めるかが重要です。ここで魔法の言葉が威力を発揮します。『何かを買ってくださいというようなセールスのお電話ではございません』というフレーズにより、相手が電話を切る芽を摘んでいるのです。相手が電話を切る理由は、売りつけられそうだからにほかなりません。

それに対して、「セールスの電話ではない」と伝えられたら、もはや電話を切ることができなくなります。そういう意味で、『何かを買ってくださいというようなセールスのお電話ではございません』というフレーズは、電話でのアポイントにおける魔法の言葉なのです。

その三　魔法の言葉『一つだけいいですか？』

私が営業の場面だけに限らず、普段から最もよく使う非常に便利な言葉に『一つだけいいですか?』というフレーズがあります。何かをお願いしたいとき、聞きづらいことを聞かなければならないときなど、さまざまな場面で抜群の効果を発揮してくれるまさに魔法の言葉なのです。

例を挙げてみましょう。

夕方にクライアントへの提案資料を作成していた瓜田は、事務員のB子さんに製本をお願いしました。処理能力に長けたB子さんは、取引先との決済処理や課長などから指示を受けた作業も並行して行っており、今日も相変わらずのマルチタスクの状態です。

瓜田「B子さん、悪いんだけど、これ、5部ほど製本しておいてくれない? 17時に来客があって、そのときに必要なんだよ」

B子「あ……、えっと……はい、分かりました」

それから2時間後……。

瓜田「B子さん! さっき頼んでおいた製本、できているかな?」

B子「ああ、まだです。申し訳ないですけど、ご自身でやっていただくことは可能ですか？」

瓜田「そ、そうだね。まだ時間あるし、これは自分でやっておくね……」

こんなシーンに遭遇したことはないでしょうか。では、このやりとりを念頭において、次のやりとりと見比べてみてください。

瓜田「B子さん、忙しいところごめんね。一つだけお願いしてもいいかな？」
B子「はい、良いですけど……」
瓜田「わあ、助かる！　ありがとう。実は17時の商談で必要なんだけど、これを5部ほど製本しておいてほしいんだ」
B子「分かりました。やっておきます」
1時間後……。
B子「瓜田さん、これ、やっておいたのでここに置いておきますよ」

さて、前者と後者の明らかな差は、B子さんのどのような心理が働いた結果なのでしょうか。詳しく解説させていただきます。

前者では、こちらからのお願いに対して、なんとも歯切れの悪い返事をしているB子さん。彼女のおかれている状況を想像してみてください。常にさまざまな指示を受けてのマルチタスク状態です。瓜田よりも立場が上の課長から依頼された作業も抱えている。当然、瓜田からの依頼は彼女の優先順位としては下位に埋もれているはず。もちろんそれが仕事であると理解はしていても、彼女も人間です。優先度の低い面倒なことは極力排除したいはず。

では、後者ではどうか。瓜田は内容を伝える前に、まず「一つだけお願いしてもいいかな?」と聞いています。人間はなんらかの負担を課せられる際、その量を具体的な数字で示されたほうが受け入れやすいのです。

例えば、友達との待ち合わせ。「悪いけど少し遅れるわ」とのメール。そのまま待ち続けるときのストレスを皆さんなら想像できると思います。これが、「ごめんね、今電車降りたから、あと3分で着くよ」であれば、心持ちはまったく違うものになっていたはずです。

つまり、後者の会話で〝一つだけ〟と限定することで、それだけやればいいいんだという明確なゴールが示され、お願いに対してストレスなく受け入れる心の準備ができるのです。

さらにもう一つ。これが肝なのですが、ヒトは一度自分の意志で承認をした事象に対して、認めた以上はやらねば！と使命感が芽生えるようにできています。B子さんは、内容を聞く前の段階で、すでにYESと回答しているため、責任感を植え付けられています。

そして、このケースではB子さんが予定よりも早く終わらせてくれるといううれしい副産物も手に入れています。これもこの言葉の魔力なのですが、〝一つだけ〟とは〝オンリーワン〟なのです。私たちは本能的に、この〝オンリーワン〟という響きに抗し難い魅力を感じてしまいます。

この魔力によって、瓜田からのタスクはB子さんの優先順位において格上げされることとなったのです。

次に、別の使用例をご紹介させていただきましょう。

ある日、新人の瓜田は、OJT（On the Job Training）研修の一環で、先輩社員と同行することとなり、私生活がミステリアスなバリバリのキャリアウーマン、バリ美先輩とクライアント先へ訪問しました。姉御肌な雰囲気のバリ美先輩は、バリバリ仕事をして定時にはすぐに帰るタイプでしたが、この日は珍しく、「ヨシ！ 今日なら大丈夫だわ。たまには一杯寄って行くか？」とお誘いいただき、そのまま居酒屋に立ち寄ることになりました。瓜田はふと、憧れのバリ美先輩は独身なのか気になってしまい、どうしても聞いてみたい衝動に駆られたのでした。

●パターンA

瓜田　「バリ美さんって彼氏とかって……いるんですかぁ？」

バリ美「瓜田くん、女性にそういうことを聞くもんじゃないの。気を付けなさい！」

●パターンB

瓜田　「バリ美さん、バリ美さんのこと、一つだけお聞きしちゃってもいいですか？」

バリ美「なになにぃ？　いいわよ、言ってごらん」

瓜田　「バリ美さん……、お付き合いされてる方とかって……いらっしゃるんでしょうか？」

バリ美「ハハ！（笑）男っ気なさそうって？　どう見えてんのよぉ！」

昨今、このような内容の質問をしてしまうと、ハラスメントだといわれてしまいます。しかし営業の場面では、相手が結婚しているのか独身なのか、交際中なのか否か、というような情報によって提案の内容が大幅に変わることがあるため、やはり情報は得なければなりません。

年収、職業、出身地、学歴、病歴、家族構成……。プライベートな部分の情報ほど、営業マンにとって重要になってくるのですが、これらは総じて聞きづらいものです。

ＡとＢの違いは、〝一つだけ〟というワンクッションを挟み込むかどうか。Ａが入れていないのに対し、Ｂは〝一つだけ〟を挟んで一度承認を獲得することで、どんな質問にも真摯に答えなければならない責任感を植え付けています。自ら肯定し、受け入れる準備ができている状態のため、彼女に不快感はなく、むしろそのあともほろ酔い気分で恋愛の価値観を語るなど、会話が非常に弾んだのです。

お客さまに対して、どうしても聞きづらいことを聞かなければならない状況では、「一つだけお聞きしてもいいですか？」というフレーズは、魔法の言葉になるのです。ぜひ、活用していただきたいと思います。

その四　魔法の言葉『ものさしを作りませんか？』

少々大げさなのですが、営業マンとはただ物を売るだけの存在ではなく、その商品を通して、それに関わるお客さまの人生や生活に、大なり小なり影響を与え、時としてその価値観や考え方までも導いて、人生を改善させるコンサルタントであるべきだと考えています。

コンサルタントとは、簡単にいえば情報屋です。車を売るのではなく、保険を売るのでもなく、服や宝石を売るわけでもなく……、それらを通して人生をより豊かにするための情報を売っているのです。

このような考え方を前提に、アポイントが驚くほど簡単に取れるようになる魔法の言葉が『ものさしを作りませんか？』なのです。

―マンション販売での会話―

瓜田「A様、一つだけおうかがいしてもよろしいですか？　マンション、ご検討中なのですか？」

A様「今すぐにどうのこうのというのはないなぁ」

瓜田「当ギャラリーでは、こちらからマンションを買ってくださいとは言いません。ただですね、自信を持って造ったマンションですから、たくさんの人に見ていただきたい、知っていただきたいと思っています。そのためにギャラリーをご用意しております。A様も、いつかはおうちを検討されるときが来るかと思いまして、そのときの〝一つの軸〟のようなものになればと思っています。例えば、『2年前に見たマンションよりも今回のほうが良いね』とか、『前見たマンションのほうが良いから今回は見送ろう』とか……。真剣に見ていただけますと、A様がいよいよ購入しよう！となったときの〝判断基準〟ができると思うのです。お忙しいとは存じますが、お休みでどこかお出掛けの際の、楽しみの一つとしてお立ち寄りいただければ幸いです。良い住まいを見極めるためのものさしを作っておきませんか？　来週とか、再来週はいかがでしょう？」

A様「そうだなぁ。一度、見ておこうかな」

― 生命保険の営業での会話 ―

瓜田「正直、保険って聞くだけで身構えちゃいますよね……。いろいろなところからおすすめされると思うのですが、私の場合、小心者ですのでお客さまを急かすようなことはできません（笑）。長いご縁のなかで、いつかお客さまからお電話をいただけたらうれしい、そんなスタンスでお話をさせていただいております」

A様「そうだね、今は、特に必要は感じてないからね」

瓜田「よく分かります。まずは弊社に限らず、保険の選び方を30分くらいで簡単に説明させていただけませんか？　基準だけつくっておいていただけたら、必要になったときにご連絡いただければいいので。私はそのときを楽しみにお待ちするだけです！　そんなお客さまがたくさんいらっしゃいます。知らない間に無駄な保険に入ってしまわないためにも、ものさしを作りませんか？　ぜひ！」

A様「そんな感じでよければ、話だけ聞いてみようかな……」

―自動車のセールスでの会話―

瓜田「今の車って、エンジンやブレーキだけでなく、安全性を高める機能やセキュリティーも含め、ほぼすべて電子制御されているんです。だから、映画に行くとか水族館に行く感覚で、最新の車を体験して、今後の車を選ぶ際のものさしを作っておく機会にしていただければ……。それぐらいの気持ちでいいんですよ！」

A様「そうなの？」

瓜田「本当に〝買うよ！〟という方は、忘れた頃にお客さまのほうからご連絡いただけますから！　私は、ただただご縁がつながるときを楽しみに待つのみです。今回は、イマドキの車の体験会に行くみたいなノリで、お気軽にご参加ください！」

業種、商品はさまざまですが、それらを売ろうとするのではなく、プロだからこその情報を教えて差し上げることがあなたの使命なのです。お客さまは買わされるのは嫌でも、新たな情報を得たいという潜在的な欲求があります。

政治・経済・歴史・美容・健康……。テレビで最も高い視聴率を取らねばならないゴールデンタイムに、各テレビ局は必ずなんらかの知識が得られる情報系番組を放映しています。それは、いかに多くの人々が新たな情報を欲しているかを物語っています。

ヒトは新たな知識を獲得することに、本能的に貪欲です。新たな知識を得られることは、それ自体がエンターテインメントなのです。皆さんもぜひ、お客さまがワクワクするような表現や演出で、情報を提供できるようにしてみてください。

小技を駆使したトーク例

Ⓐ　その一　あえて、感情を声にする
Ⓑ　その二　魔法の言葉『買ってくださいというような電話ではありません』
Ⓒ　その三　魔法の言葉『一つだけいいですか？』
Ⓓ　その四　魔法の言葉『ものさしを作りませんか？』

A様「はい……」
瓜田「Ⓐあ、良かった（つい、漏れ出たひとりごとのように）。もしもし、A様のお宅でしょうか？」
A様「そうだけど」
瓜田「Ⓐつながってよかったです。Ⓑあ、何かを買ってください、というようなセールスのお電話ではございません！ 私○○工務店の瓜田と申します。A様もお忙しいと存じます。3分もかかりません。お伝えだけですので、ご協力お願いいたします」

A様「まあ3分なら……」

瓜田「Ⓐ良かったです〜。ありがとうございます！ ⒸA様、一つだけお聞きしてよろしいでしょうか？」

A様「ああ、どうぞ」

瓜田「Ⓐ（声のトーンで喜びを表現）あ、ありがとうございます！ A様のお住まいは築何年でいらっしゃいますか？」

A様「15年ちょっとかなぁ」

瓜田「Ⓐありがとうございます。実は、当社は建物の外壁や屋根のリフォームを行う会社なのですが、このところ、こちらの○○市○○町内でのご相談件数がかなり増えておりまして……。実際に施工させていただいた方のほとんどが、他社との比較で当社が驚くほどリーズナブルだとおっしゃってくださるので、逆に気になって調べたところ、必要のない施工まで余分に勧められているケースが多発しているようなんです。そこで、築年数10年以上のお宅が多い、こちらの○○町の皆さまが知らずに無駄なリフォームをしないように、どのようなタイミングで、どんなリフォームが必要かを、分かりやすく知っていただくための資料をお配りしています。A様、Ⓒもう一つだけおうかがいしたいのですが、リフォームはまだお考えではないですよね？」

A様「まだ考えていなかったねぇ」

瓜田「Ⓐ良かった！　そうですよね！　まだまだ先だと思いますが、Ⓓ今のうちに正しいリフォームの知識が得られる資料をお届けさせていただけませんか？　当社では、こちらからリフォームを急かして契約を迫ることはしていません。A様がいざやろう！と思ったときにご連絡いただけるようにお見知りおきいただきたいだけなんです!!（笑）私はただ待つのみです！　近い将来、リフォームする際の、Ⓓものさしをもっておいていただけませんか？　資料のお渡しとご挨拶だけなので、ぜひ立ち寄らせていただければと思っています。明後日の午前はいかがでしょうか？」

A様「……すぐ終わりますか？」

瓜田「はい！　資料のお渡しとご挨拶だけですぐに立ち去ります！」

後日、実際にはすぐに立ち去ることはなく、ちゃっかり契約を頂く瓜田なのでした。

コラム　くだらない動機でも、人生を踏み出すきっかけになる

誰にでも人生で3回来るといわれる「モテ期」。女性が寄ってくる……、私の人生を振り返ると、あとにも先にもそんな瞬間は一度しか訪れていません。

私にモテ期が到来したのは、中学生の頃。とにかく多くの女の子に告白されました。正直、それまで一度たりともモテた経験のなかった私ですが、生まれてからずっと、父によって強制されていた丸刈りが解禁され、髪の毛を伸ばし始め、センター分けができるようになった中学2年生の頃から急にモテ始めたのです。有頂天そのものでした。

中学3年生のときに告白をしてくれた女の子がいました。当時は、こちらからお断りをしてしまったのですが、大学に進学する頃になると、別の高校に通っていた私の耳にも入ってくるほど、彼女は評判の美人になっているという話でした。

21歳のとき、中学の同窓会がありました。そこに彼女も来ると聞いていた私が、「あわよくば……」と考えたことはいうまでもありません。噂どおりの美人になっていた彼女を見て、私はさっそく話し掛けに行きました。

当時アパレル業界で店長をしていた私は、ちょっと華やかでモテると思っていたので、自分の仕事について自慢げに彼女に話をしたところ、「ふ～ん」と一言だけ。その当時、お金持ちが集まる高級クラブに勤めていた彼女からしてみれば、アパレルの店長がどれほどのものなのかが分かっていたのでしょう。彼女にまったく相手にされないことに、私は頭を金づちで叩かれたような衝撃を受けました。

「このままじゃダメだ！　もっとお金を稼ぐ仕事をしなければ！」

その瞬間、私は営業という成果報酬の道に進もうと決心したのです。

今思えば、非常にくだらない理由です。ただ、どんなにくだらない動機であっても「絶対に変わってやる！」と決意して、一歩を踏み出すことが大事なのではないでしょうか。

第2章

【アイスブレイク編】

初対面の警戒心を打ち破る

扱う商品が高価であるほど、または相手への負担が大きいものほど、承認を得ることが困難になるものです。

最終ゴールにたどり着くためには、相手の心を動かさねばなりません。

心を動かすためには相手を知らなければならない――。

相手を知るためには、相手の心の扉を一枚一枚開いていかなければなりません。

そして、その最初の扉の前に立ちはだかる警戒心という名の氷の壁を溶かし、取り払う必要があります。

アイスブレイクを苦手と考える営業マンが多い

商談を優位に進めるため、重要かつ、最初にやっておかなければならないアイスブレイクですが、苦手意識を持つ営業マンが多いことも事実です。実際、私のもとにも多くの営業マンがアイスブレイクについての相談をしに来ます。

「面白い話ができない」

「話のきっかけがなかなかつかめない」

お客さまの警戒心を解く重要性は分かっているけれど、どのようにすればいいかが分からない、という声をよく聞きます。確かに短時間で相手の心を開かせるというのは困難なことです。

しかし、アイスブレイクでお客さまとの距離を縮められない限り、そのあとの展開を良好に進める可能性はどうしても低くなります。営業を戦略的に考えるうえでも、アイスブレイクに対して苦手意識を持っているのは大きな問題です。

ここでは、そんな苦手意識を克服すべく、「アイスブレイク」について掘り下げ、詳しく説明させていただきます。

警戒心の正体とは

知識もあるし、肝も据わっていて、どのようなお客さまでも臆することなく営業活動に取り組んでいる。なのに、思うように成果を出せない……。そのような場合に考えられるのは、警戒心を解くという作業をしないまま、プレゼンテーションを行ってしまっているケースです。

唐突ですが、あなたが公園のベンチで座っていたら、突然見知らぬ男性にアルミホイルに包まれた手作りらしきおにぎりを渡されたとします。「おいしいから食べろ」と言われたら、あなたなら食べますか？ きっと「何か毒物でも入っていないか？」「腐っていないか？」「お金を要求されるのか？」といった言葉が頭のなかを駆け巡り、怖くて食べられたものではありません。警戒心はＭＡＸです。その男が「安心してください！ 作ったばかりですよ」と言って、そのおにぎりがいかにおいしいかを訴えたとしても、あなたは決して食べないはずです。

つまり、どんなすばらしい商品を、どんなに上手に説明したとしても、警戒心が解けていないままにプレゼンテーションすることは無意味なのです。

やるべきは、この〝警戒心〟なるものを排除することなのですが、そもそもこの警戒心の正体とはなんだと思いますか？ ここで考えたいのは、なんらかの危害や不利益から自身を守るための心の準備という意味ではなく、それが生じる原因のこと。何かを克服するためには、その対象を知らなければなりません。そんな視点から、警戒心について考えてみました。

ところで、私が1年以上使い続けている、なかなか値の張るスキンケア用品があります。男性である私はそういったことに疎かったのですが、いつまでも若々しくいたいという思いもあり、使うようになったのです。効果のほどはよく分かっていません。それを使わなかった今と、使い続けてきた今で、果たしてどれほどの差があるのかは誰にも証明できません。が、今となっては習慣化され、使い続けること自体が目的になっています。かねてより通っているエステのスタッフや、付き合いで紹介されたネットワーカーなどにスキンケア用品を勧められることはあったのですが、付き合いが浅く、よく知らない人から勧められる美容関連商品ほど怪しいものはなく、買って使ってみたものの長くは続きませんでした。

では、なぜ私はこの値の張るスキンケア用品を使い始めたのでしょうか。その理由は、よく知っている友人に勧められたからです。長い付き合いの友人たちと久しぶりに集まった会食の席で、私が「年齢のせいか、昔よく海に行っていたせいか、最近顔にシミが増えてきた」という話をしたのがきっかけです。友人は仕事柄、美容関連商品にとても詳しいのですが、私とはいっさい利害関係がなく、私がそのスキンケア用品を使ったところで商売になるわけではない。自分の生い立ちから性格、職業まで、本当によく知っている友人から勧められたことで、みじんの警戒心もなく、気が付けば当然のように使っていたのです。

しかし、それ以前のケースは、そもそもスキンケア用品の類いに無知で相場も分からないうえに、それを勧める人物もよく知らない。そんな状況だからこそ、気分が乗らなかったのです。

先に述べたおにぎりのケースでは、人物不明・製造元不明・製造時期不明・内容物不明・値段不明など……。とにかく分からないことだらけで恐怖感しかない状態でした。

そう、警戒心の正体とは、知らないことへの恐怖であり、その恐怖に対する防衛反応なのです。

正体がつかめたら、我々がすべきことは明確です。知らないことへの恐怖を払拭するべく、知らないことを減らす作業を行うしかありません。警戒心を解くとは〝知らない〟をなくすことなのです。

そして、私が本章でお伝えしたいアイスブレイクとは、すなわち初対面の相手に自分という人間を知ってもらうための作業です。営業の場面では、できる限り短時間で行うことが大切です。その方法は言葉だけではなく、見た目や声、雰囲気といった要素も、自分という人間を瞬時に知ってもらうためには重要なのです。

このことを理解したうえでお客さまと向き合うことができれば、必ずや行動と結果に良い変化が生まれてくるはずです。

ノンバーバルメッセージ

「オーラがある人だ」「優しい雰囲気の人だ」「几帳面そうな人だ」「近寄り難い人だ」と、見た目や雰囲気から、言葉を交わしたこともない相手を評価したことは誰にでもあるはずです。

私たちは日ごろ、五感のすべてで得られるさまざまな情報から、なんらかの判断を下しています。表題にあるノンバーバルメッセージとは、そんな言葉以外で伝わる情報のことを意味します。

私と面識のあるトップクラスの成果を上げ続ける方々は、総じてこのノンバーバルメッセージを使いこなし、自己演出することに長けています。

図表2　メラビアンの法則

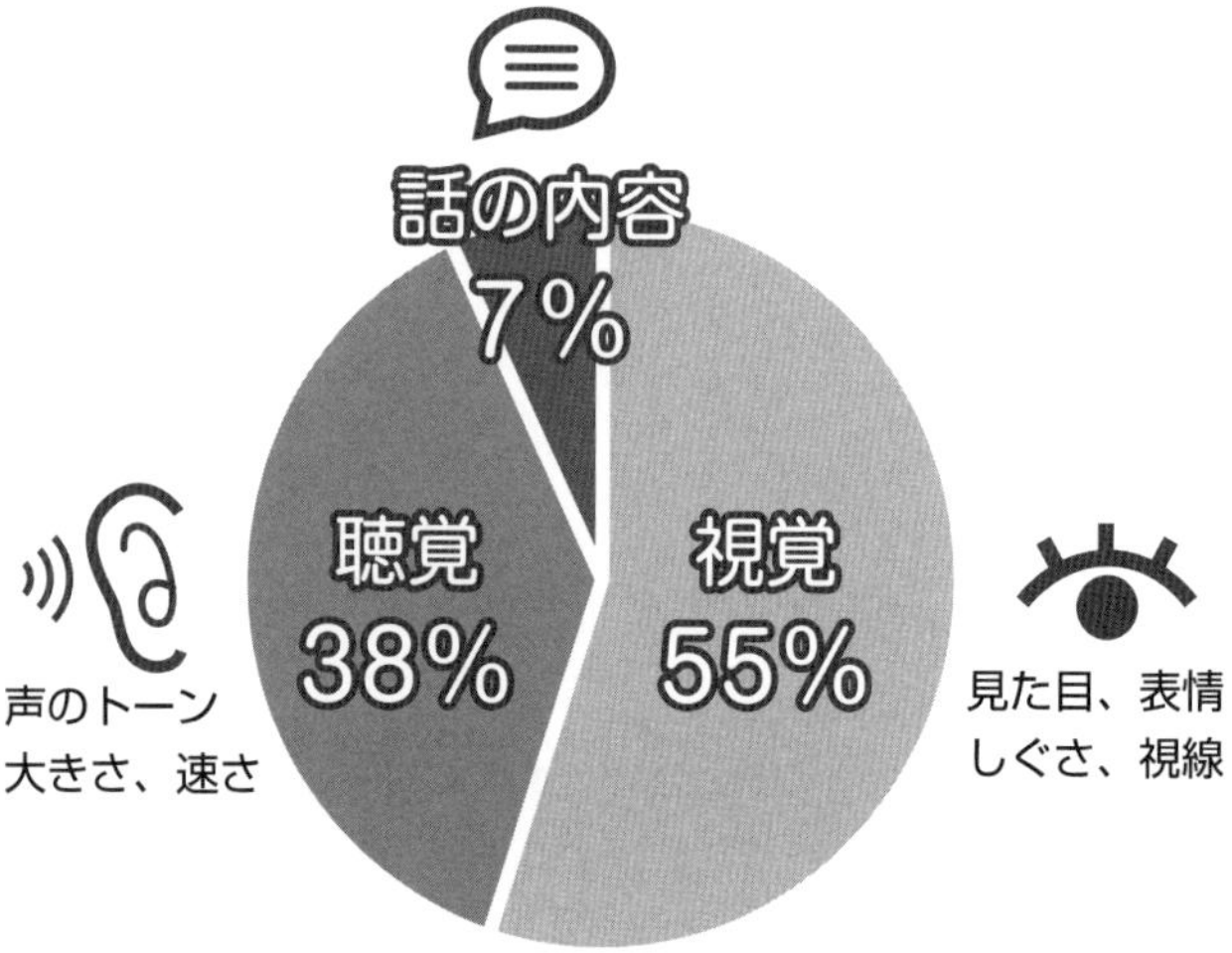

（参考資料：モチラボ・モチベーション理論・メラビアンの法則）

そこでまず、対人との交渉力を高めるうえで参考になるメラビアンの法則を紹介しましょう（図表2）。

1970年代にアメリカの心理学者アルバート・メラビアンが行った「コミュニケーションの際に、話している内容と声のトーンや態度に矛盾があったとき、人はどの情報を優先して受け止めるのか」という研究によると、言語情報（話す言葉やその意味）が7％、聴覚情報（声の質やテンポ、大きさ、口調）が38％なのに対し、視覚情報（見た目、表情、しぐさ、視線）は55％という結果になったと報告されています。この結果から「7‐38‐55のルール」とも呼ばれています。

メラビアンの法則によると、ヒトは話の内容よりも、見た目の印象から伝わる情報量のほうが圧倒的に多いということが分かります。

営業の能力向上といえば、交渉術・会話術にフォーカスしがちですが、メラビアンの法則では言語情報は7％しかありません。つまり、言語情報はヒトがなんらかの判断を下すための材料としては、ごく一部に過ぎないのです。

相手にとって、誠実で信頼できる心強い存在となるために、皆さんも言葉だけでなく、見た目や声の質、所作などにとことんこだわって、自身を演出してください。

身だしなみ

〝身だしなみ〟についての私の体験談をいくつかご紹介しましょう。

私が以前、賃貸マンションを借りたときのことです。その物件は、借りる際に別途火災保険への加入が義務付けられており、後日仲介業者から紹介を受けた損害保険会社の方が手続きをするために訪ねてくるとのことでした。

現れた男性の身だしなみは、まさに悪い典型例。スーツはスリーLサイズくらいのブカブカで、ワイシャツの襟元は黄ばんでおり、革靴も表皮が剥げて色あせている。情報整理がいっさいなされていないことが予想される、はち切れんばかりに荷物が詰め込まれたナイロンのバッグから、やっと探し当てたように書類を取り出すのです。私は、「見るからにルーズそうで仕事ができないタイプだな……。この人で大丈夫か」という気持ちになりました。

そして数日後、その彼から電話があり、「申し訳ございません。引き落とし口座をおうかがいしておりませんでしたので、再度設定の手続きにおうかがいしてもよろしいですか」という案の定な展開になったのです。

このときは、ほかに選択肢がなく、ただ決まった保険に入るのみだったのですが、身だしなみが良くないせいで営業の機会を逃すこともあるのです。

私が会社を起業して2年が過ぎた頃、アクセスの良い九段下あたりで事務所を構えるために物件を探そうとしていたときのことです。その日は、午後からアポイントもなく時間があったので、ふらっと神田界隈の不動産屋に立ち寄りました。賃料相場としては高額なエリアで、仲介手数料も悪くない。もう借りることが決まっていて、しかも事前に下調べした候補物件まであるという、まさにおいしい客だったはずです。

挨拶のあと、名刺をいただいて対面に座り、用件を伝えようとしたときに、なんともいえない悪臭が鼻をついたのです。見た目は、温厚そうで柔らかな物腰の彼。本来ならばなんの問題もないのですが、いかんせんくさい……。耐え難い口臭だったのです。私は携帯電話のメールを受信したふりをして急用をでっち上げ、可能な限り急いで立ち去ることにしました。

このように、一生懸命努力し、磨き上げた自慢の話術を披露する以前に悪い印象を持たれてしまい、チャンスを逃してしまうような悲しい事態にならぬよう、身だしなみのチェックリストを記載しておきます。

見た目から受ける印象

《プラスの印象》

センスが良い・清潔・真面目そう・誠実そう・優しそう・頭の回転が速

そう・礼儀正しい……など

《マイナスの印象》

クセが強い・不潔・チャラい・テキトーそう・いかつい・バカっぽい・無礼者……など

チェックポイント

● **○○過ぎないさわやかな髪型か**

※年収を下げてまでこだわる価値のあるロン毛や刈上げなのか、自問自答すべし

● **洋服はジャストサイズか**

※超重要！　誠実さはジャストサイズから生まれると心得よ

● **肩にフケが落ちていないか**

※あなたの言葉を見事に届かなくしてしまうマジックパウダー

●背中や膝裏にしわはないか

※すさんだ生活はスーツのしわを生む

●鼻毛は出ていないか

※たった一本出ているだけでシリアスな勝負ドコロをたちまち喜劇にする

●歯は黄ばんでいないか

※茶渋やヤニをため込むほどに出会いは遠のいていく

●過度な装飾はしていないか

※物語の主役は常にお客さまであると心得よ

●革靴は磨かれているか

※足元が固まっていない者にカリスマ性は生まれない

●適切な色選びができているか

※色は本能に届くメッセージと心得よ

図表3　好印象を与える身だしなみ

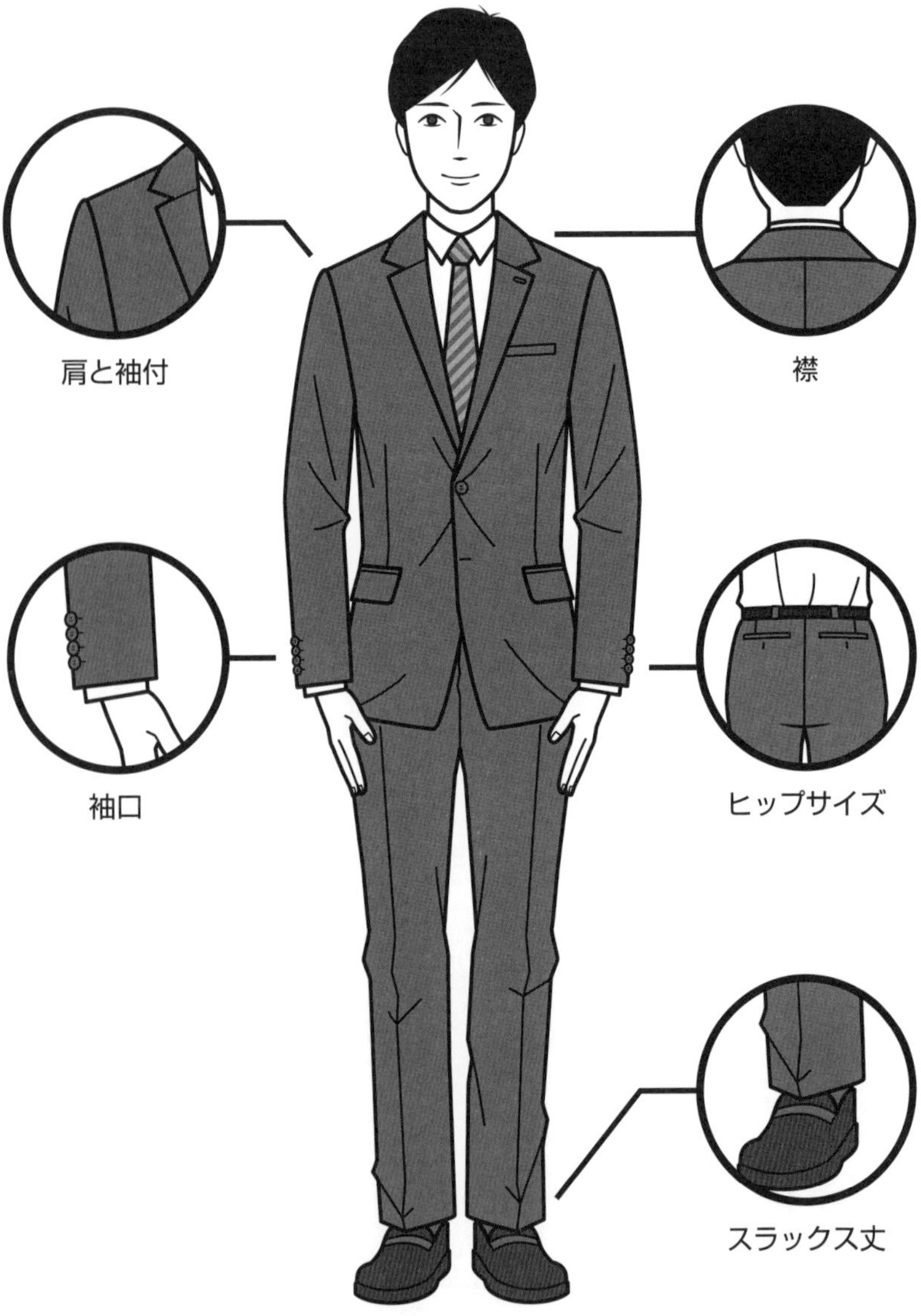

[参考資料：『一流に見える服装術』日本実業出版社]

トップクラスであり続ける人の多くは、〝自分がどう見られているか〟ということに細心の注意を払っています。かくいう私もかなりのこだわりを持っています。

例えば、商談の相手がイケイケの若社長であれば、スーツは細いウールで織られたシャープな生地のライトグレー、光沢感のある白いシャツにメッシュ素材の黒ネクタイを締め、オックスフォードタイプの眼鏡をかけ、頭脳明晰でいっさいの抜かりがないデキる男を演出します。お相手がご高齢の女性お一人であるならば、やや太めのウールで織られたベージュのスーツに黄色×紺のレジメンタルストライプのネクタイを合わせて優しさと誠実さを演出しようとします。

ぜひファッションに仕事に取り組む際の真剣さと同様に向き合ってみてください。

笑顔

警戒心を和らげ、話しやすい雰囲気をつくるには、お客さまを笑顔にしなければいけません。そのためには、まず営業マンが最高の笑顔をつくらなければいけないのです。

スマートで洗練された身だしなみで、いかにも仕事ができそうな男がまったく笑わな

図表4　表情のパターン

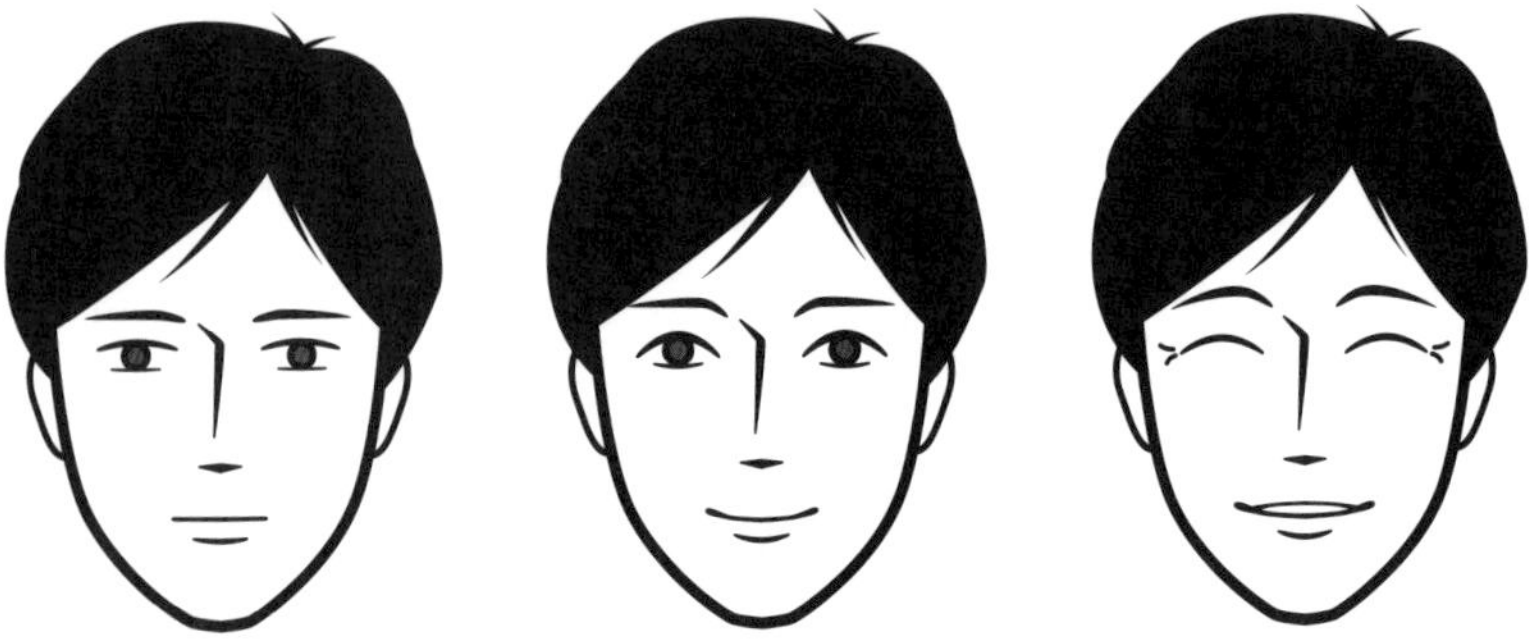

A：真顔　B：笑顔　C：満面の笑み

いとしたら、その印象はどうでしょうか。むしろ警戒心を強めることにつながってしまいます。

身だしなみが完璧であればあるほど、笑顔がなければ逆効果になってしまうのです。いかにもできそうな人物像と、屈託のない無防備な笑顔がそろって初めて抜群の破壊力を生み出します。

図表4ではA：真顔、B：笑顔、C：満面の笑み、と記載していますが、Bの笑顔しかできないような場合は、練習が必要です。いわゆる〝目が笑っていない〟状態となり、相手に独特の圧力を感じさせてしまうのです。

理想は、目尻までくしゃっとつぶれたCの満面の笑み。とはいえ、常にCの状態で笑っていたら、それはそれで危険な香りがします。要は場面に合わせて使い分けできる、笑顔の引き出しが必要なのです。Cの満面の笑みは、必要なときに自在に出せるようにしておいてください。

某有名アパレルブランドでは、最高の笑顔で接客ができるよう、全社員が開店前に必ず笑顔トレーニングという発声練習を行っています。百貨店のバックヤードなどで整列し、指で両頬を押し上げながら「うれしぃぃぃ！」「楽しぃぃぃ！」「大好きぃぃ！」と、「い」の口で口角の動きを感じながら大きな声で発声。羞恥心を捨てて毎日行うことで笑顔の精鋭部隊が育つという、理にかなったトレーニングを日々行っているのです。

声の質

メラビアンの法則で、人が優先して受け止める情報の38％が聴覚情報だとされているとおり、声の大きさや高さ、話すスピードなどを意識して取り組むか否かで、そのあとの結果に大きな差が生まれます。交渉やプレゼンテーションはもちろんのこと、日ごろの人間関係を構築するうえでも、実に大きな違いを生み出すのです。

ここで、私が体験した分かりやすい実例をご紹介します。

以前、外資系の世界的にも有名な大手ホテルグループにて、高級リゾート会員権を販売していた頃のことです。ハワイなどにあるコンドミニアムの所有権をシェアし、毎年1週間利用する権利を販売するというもので、一つの権利で1万5000~3万ドルが中心で、実際に売れるのは5万ドル以下の権利のものが9割を占めていました。

当時私は、月平均11件、約30万ドルを販売しており、トップの成績を維持していました。ここだけ見れば順風満帆なのですが、この頃の私には大きな悩みがありました。とにかく忙しく、落ちついて仕事に取り組めていなかったのです。契約を取ったら、それを処理するための事務作業やお客さまのアフターフォローなどに時間を割かなければなりません。当然ですが、契約を取れば取るほど忙しくなり、成績を維持することが困難になるのです。1件で10万ドルを超える商品があるにもかかわらず、私が販売するものは平均3万ドル以下。要は、単価よりも件数で売上を稼ぐスタイルになってしまっていたのです。

ところが、当時トップ争いを繰り広げていたライバルは、涼しい顔で倍の単価のものを販売していました。私は負けたくない一心で件数を稼ぐのですが、身も心もクタクタに疲れていたと記憶しています。

もちろん高額な物件も臆することなくおすすめしていたのですが、どうしても3万ドル以下の物件ばかりを選ばれてしまう。年間20勝しているエースピッチャーがそのピッチングフォームを変えることが難しいように、トップセールスマンがそのスタイルの改造に着手するのは非常に勇気がいることです。それでも、今後も長くこの仕事をしたいと考えていた私は、成績を一時的に落とすことも覚悟のうえ、自身のスタイルの改造を決意したのです。

そこから紆余曲折を経て、悩んだ末に至ったのが、問題は説明の内容や資料の内容によるものではないという考えでした。ボイスレコーダーをスーツの内ポケットに入れ、約120分の商談を毎回録音。通勤時や寝る前に聞き直して、たどり着いた私なりの答えが、声の質だったのです。

それまでの私は、大きくて高く、元気で明るいトーンの声で話をしていました。さらに早口で、沈黙の間が少ない話し方をしていたのです。よくいえばさわやかで元気な話し方なのですが、悪くいえば、なんだか安っぽい話し方と感じたのです。高額な物件を販売したかった私は、〝高級感のある声〟とはどんな声か真剣に考えたのです。

そうやって行き着いたのが、声を少し低く、ゆっくり話し、ゆっくりうなずき、沈黙の間を増やし、優しくほほえむような笑顔……。すべてにおいて重厚感を持たせるよう意識改革を行ったのです。

するとさっそく、翌月には面白いほどに結果に反映されたのです。

〈声の質　変更前〉		**〈変更後〉**	
平均契約件数	11件	↓	7件
平均単価	3万ドル以下	↓	約6万ドル
平均売上	約30万ドル	↓	約42万ドル

件数が減ったおかげで、時間にゆとりができただけでなく、なんと売上が4割も伸びたのです。ここまでの変化を想定していなかったので、本当に驚いたことを覚えています。

声を変えただけで、月収が50万円増加したのです。

優しい声・頼もしい声・情熱的な声・頭脳明晰そうな声・余裕のある声・急かされる声。さまざまな声を意図して使い分けられるように、皆さんも研究してみてください。

声はあなたの第一印象を決定付け、アイスブレイクを成功に導く重要な要素なのです。

《声の使い分け方　例》

せっかちな相手に落ちついてほしいとき……やや低めの声&ゆっくりしたテンポ
相手を急かしたいとき……高い大きな声&速いテンポ
相手によく考えさせたいとき……やや低めの声&沈黙の間を5秒以上
相手に勢いで決めさせたいとき……高い声&速いテンポ&間をつくらない

自己紹介のコツ

初対面の相手と会話をする際、必ず訪れる自己紹介の場面。読んで字の如く、自分はこんな人間だということを伝える最大のチャンスです。相手との距離を近づけるチャンスに、ただ名刺を渡して「よろしくお願いいたします」という一言で済ませてしまうことは、お金を捨てるのと同じくらいもったいないことです。こんな一瞬の場面でも意識を高めて積み重ねることが、成約率を高める、ひいては自身の収入を高めることにつながっていくのです。

では、どのような自己紹介が相手の警戒心を和らげ、信頼を得やすくさせるのでしょうか。それは、本章でこれまでお伝えしてきたことを思い出してください。

ノンバーバルメッセージの重要性を知った皆さんは、戦略的な身だしなみで、戦略的な笑顔と声を引き出しに入れた状態で自己紹介の場に臨んでいます。ここまでの準備ができていたとしたら、あなたが放つ一言一言がとても貴重なものに思えてくるはずです。なぜなら、警戒心とは知らないことへの恐怖から生まれ、信頼とは共感から生まれるものだからです。

そこで、あなたという人間を分かりやすく理解してもらい、かつ共感（親しみやすさ）を手に入れるテクニックをお伝えします。

端的にいえば、会話のなかに自虐を盛り込むことです。自己紹介を自分の宣伝ととらえ、自分の強みばかりを伝えようとする血気盛んな営業マンを見掛けますが、強さを伝えるだけではどうしても威圧的になり、警戒心を解くことにつながりにくい。自己紹介はあくまでも自分を知ってもらうための作業です。つまり、強みも弱みもすべて知ってもらうための作業なのです。

ヒトは、一人では生きられない弱い生き物だからこそ、強さではなく、むしろ弱さにこそ共感を覚え、親しみやすさを感じるのです。

ここでは、ユーモラスな一言で弱さを垣間見せる例をいくつか挙げてみましょう。

◎恰幅が良い大柄な体形で、黙っているとコワモテな不動産売買の営業マン

土地を探している若いご夫婦に対する自己紹介。

営業マン「はじめまして、○○と申します。このポッコリお腹のなかに豊富な知識と経験が詰まっておりますので、なんでも気軽にご相談くださいね！」（優しい笑顔で）

◎30代、ハウスメーカー営業

お客さまは若い新婚のご夫婦。互いに独身気分が抜けておらず、金銭感覚などの価値観のズレが、クロージング時に足かせとなるケースも多い。そんなことにも布石を打ちながらの自己紹介。

営業マン「はじめまして、○○と申します。お若いお二方さまですね。新婚でいらっしゃいますか?」

お客さま「はい、入籍したばかりです」

営業マン「それはおめでとうございます! お早いうちからおうちの購入計画を立てられるのはすばらしいことですね。私なんかは、オタクといわれるほど建築が好きで、建築好きが高じて独身のうちに建ててしまった変わり者です(笑)」

お客さま「それはすごいですねぇ」

営業マン「当時は未来の妻の意見を聞けるわけもなく、私の好みで設計したので、結婚して子育ても始まった今になって、いろいろと文句を言われています(笑)。だからこそ、ご夫婦双方にとって失敗のない家づくりには自信がありますよ!」

◎超高級車ディーラーの営業

来店したのは、若くして成功を手にしたらしいイケイケ系の男性客。予約せず、かつ物怖じもせずに、超高級車ディーラーに堂々と来店するくらいなので、他人から説得を受けるようなことを嫌うタイプと判断。かわいげのあるやつだと思われるよう意識して自己紹介。

営業マン「ご来店くださりありがとうございます。○○と申します。アフターサービスのフットワークの良さだけはオーナーの皆さま方からお褒めいただいております。フットワークの○○とお見知りおきいただけますと光栄です（笑）」

お客さま「え？ 営業さんでしょ？ アフター自慢なの？ セールスしなきゃ（笑）」

営業マン「小心者ですので……。このようなお車をご検討なさるような方々に駆け引きする勇気はございません（ここで笑顔）。皆さま、決算前などご都合の良いタイミングがおありだと存じますので……」

このようにして、お客さまを瞬時にプロファイリングし、それに応じた演出で自身の強みと自虐を織り交ぜた自己紹介ができれば、そのあとのあなたの言葉はより深く、相手の心に届くはずです。

初対面が2回目になる魔法

初対面よりも2回目以降のほうが、警戒心を解きやすく話が前に進みやすいという効果があります。これは1968年、アメリカの心理学者ロバート・ザイアンスが提唱した心理的効果で、ヒトは会った回数が多ければ多いほど好感を抱きやすくなるというものです。このザイアンス効果に則れば、初回はご挨拶と自己紹介にとどめ、具体的な話は次回以降にできればいいのですが、現実にはなかなかそうはいきません。業種や販売形態によっては、初めて会ったその日のうちにある程度話を詰めなければならないこともあるからです。

そこで、私が独自開発したテクニック〝初対面が2回目になる魔法〟をご紹介します。分かりやすくいえば、脳の錯覚を利用します。脳は、私たちが〝ヒト〟に進化する以前からある「動物脳」と、あとから高度に発達を遂げてきた「人間脳」の二つに分かれています。さまざまな情報を解析し、つなぎ合わせ、検証し、応用し、発展することができる高度な「人間脳」は、ゆっくり考えて理性的な判断をします。しかし、生命が脅かされるような差し迫った状況下では考えている時間はありません。本能による一瞬の判断が求められます。このような場面では、ざっくりした情報で感覚的に判断する「動物脳」が働くのです。

本書で述べる私のテクニックは、この「動物脳」を刺激し、錯覚を利用したものがほとんどです。「動物脳」がポジティブであれば、「人間脳」もポジティブにゴールを目指して機動することとなり、逆もまた然りです。

では、2回目と錯覚させるため、具体的に何をするのかといえば、単純に2回登場すればいいのです。前述のように、クスっと笑えて場が和むような自己紹介をすることが大前提となりますが、自己紹介を含めて5分ほどの会話で「あ、お飲み物をご用意いたします」「それでは資料を取ってまいります」などと理由を付けて、一度席を立ちます。そして数分間、お客さまだけの時間をつくります。それは、現在おかれている空間や状況、今話した人物などを、お客さまの頭に確実にインプットする時間を与えるため。そこに戻ってきたとしたら、あなたと会うのは2回目という状況をつくり出したことになります。

そもそも商談スペースやショールームなどでは、受付の女性スタッフがお茶を出し、効率の良いご案内ができるように、接客テーブルの周辺に資料やプレゼンテーションツールがセットされていることがほとんどです。

しかし、テーブルには何も置かないでください。お茶出しは断って、自分で出すようにしてください。「お茶を取ってきます」「資料をお持ちします」など、あえて〝席を外す〟という行動によって、相手の頭のなかを一度整理させられるのですから。この行動は、アイスブレイクのみならず、今後さまざまな場面で重要な効果を発揮します。私も席を立つ理由をつくるため、来客用の机にはいつも何も置かないようにしています。

コラム トップセールス＝最強に図太い……わけではない

営業ならばお金を稼げると考えた私がまず飛び込んだのが、訪問販売でした。やることといえば、文字どおり、家のインターホンを押して商品を売ること。ちょうど訪問販売に対する警戒心が高まり始めた頃で、インターホンを押してもドアを開けるどころか、相手が出てきてくれることはほとんどありませんでした。

それに対して、先輩社員たちはあの手この手を使っていました。例えば、ドアに新聞を入れるための穴から大きな声を掛けたり、事務所が市役所の方向にあるというだけで、

「すみません。○○市役所のほうからやって来ました～」

と玄関を開けてもらうなど、嘘と紙一重のことを平気で行うのです。

これには本当にドン引きしてしまい、同じようにできるわけがない……と絶望したのを今でも覚えています。

私には、そのような強引に迫るやり方でできる図太い精神はありません。なにより、知らないお宅のインターホンを押すこと自体に強い抵抗感があり、次第にインターホンを押

すことさえできなくなりました。気持ちを落ちつかせようと、その場を離れて20分。インターホンを押すと決心して玄関の前に行くも、やっぱり押せずに、1時間ほど周辺をウロウロするという日々を1週間ほど過ごしたあと、行方をくらませました。

今では、紆余曲折があり、精神的には相当図太くなりましたが、できることなら今でもやりたくはありません。

トップセールスといえば、誰もが驚異のメンタルの持ち主と思うかもしれませんが、決してそんなことはありません。誰でも目指せるものなのです。弱点があるからこそ、それを補うための努力をしてきたのです。

「買ってください」と言えないチキンハートの私だからこそ、培ってきた技があるのです。

第3章

【ヒアリング編】
面白いほど相手が饒舌になる
超会話テクニック

「まったく興味なかったのに、なぜかしら？　〇〇さんのせいで気が付いたら買ってしまっていたわ（笑）」

これは、営業マンにとって最高の褒め言葉です。

常にトップクラスで活躍している営業マンは、買う気のなかったお客さままでも取り込んでしまいます。

当然、なんらかのメリットや必要性がなければ、お客さまが〝買う〟という承認の判断を下すことはありません。

トッププレイヤーは、そこになかったメリットや必要性を創り上げてしまうのです。

何が必要で、何をメリットと感じるかは十人十色。まさにオーダーメイドのようなもの。お客さま自身でも気が付いていない潜在的なニーズを引き出し、その存在に気づかせ、購買欲求へと発展させるには、相手を徹底的に知らなければなりません。

情報が多ければ多いほど、ジャストフィットしたストーリーづくりが可能となります。

「情報武装せよ！」

見た目からのプロファイリング

得られた情報に基づき仮説を組み立て、これを実行。ズレがあれば軌道修正する。ゴールにたどり着くまではひたすらこの繰り返しです。そして、結果を左右する最も重要な情報はすぐに得られるものではありません。すでに得られた情報を武器に相手を揺さぶり、刺激することでさらなる情報を引き出す。そうしているうちにようやくあぶり出されてくるものなのです。

武器となる情報は多ければ多いほど良く、微細なものも逃さないようキャッチしなければいけません。情報を獲得する作業は、相手を一目見た瞬間から始めなくてはならないのです。

皆さんは、通りを歩く人のなかから、誰かに道を尋ねるとするならばどのような人を選ぶでしょうか。「怖そうな人だ」「優しそうな人だ」「危険な香りがする」などと、私たちは日常生活のなかで無意識のうちに見た目で判断しています。

表情、身なり、持ち物、所作……。見た目から得られる情報は驚くほど多く、相手の性別や年齢はもちろんのこと、職業や所得、性格、趣味嗜好、家族構成、生い立ち、価値観、宗教、さらには前後の行動など、その人を知るためのさまざまなヒントが顔をのぞかせています。

例えば、勇気が足りない人には、背中を押してあげる良き友のように、決断できない人には、道を示して引っ張り上げる兄貴のように、プライドが高く他人から指示されたくない人には有能な秘書のように……。相手に合ったスタイルで接客をする必要があります。人の性質は大まかにいくつかのタイプに分類することができます。それらのタイプに合わせた引き出しを持てたとしたら、感覚に頼るだけのプレゼンテーションではなく、意図したとおりの流れをつくり出せるようになるのです。

まずは見た目でどのようなタイプの人物かを類推します。この人はどのような人かと、いくつかの仮説を立てて大分類し、挨拶と軽めの雑談、その際の所作などから中分類、プレゼンテーションを行いながらより深い情報を得て小分類へと、細分化していきます。そうして相手に最もマッチしたクロージングを行うのです。

いい換えれば、相手を一目見た瞬間からなんらかの情報を察知し、どのようなキャラ設定で、どのような立ち位置でいくか……と、頭のなかでメニューを組み立て始めていくのです。

さて、それでは普段私が見た目からどのように考察し、分類しているのか。その代表的な例をいくつかご紹介し簡単に解説していきましょう。

独裁的王様タイプ

《主な特徴》

○大きな声
○大きく開いた目
○クセのある髪型
○予約なしで突然現れることも
○高級店で目立つほどの堂々たる態度
○深くいすにもたれ、胸を張った座り方
○顔パスといわんばかりにドレスコードを無視
○金製品とダイヤ
○どこのブランドか一目で分かるような持ち物
○男なのにバーキン

【解説】

ファッションの特徴としては、周囲がどう感じるかよりも、自身のすごさを周囲に知らしめるような主張の強いアイテムを身につけていることが多く、全体のバランスは考慮されていない。センスはさておき、お金のかかり具合が非常に分かりやすい。

持ち前の強い精神力と突破力で歩んできたタイプ。運を味方に付け、時流に乗って、一気に成功を手にしていることが多い。生い立ちとしては、経済的に満ち足りていない思いをしながら育ってきたり、裕福ながらもなんらかの事情で疎外感を抱きながら育ってきたり、その後の生き方を左右するほどのコンプレックスがある。

若い頃に苦労したことがあり、武勇伝を話す機会をつくって差し上げるといい。このタイプは常に、「あなたはすごい！」という褒め方や讃え方をすべし。

政治家タイプ

《主な特徴》

○はっきりした声

○まっすぐ目を合わせてくる
○歯が白い
○小麦色の肌
○健康そうな体つき
○イタリアとか好きそう
○センスは良い
○良い香りがしがち
○高級品をバランスよく身につけている

【解説】

頭の回転が速く、自分でもそう思っているタイプ。自身のブランディングに腐心しており、〝自分がどう見られているか〟を非常に気にしている。一見すると、頑ななくらいに強い意志を持ち、頼もしい人物に見えるのだが、多くの人から賛同を得られないと判断した場合には、持ち前の頭の回転の速さを活かし、驚くほどあっさりと自分の主義を変えてしまう。都合の良いときだけ抜群の柔軟さを発揮することがある。

センスや技のキレ、個性などに感心させられている様子を示すと喜びやすい。

こうして客観的に書いていると恥ずかしくなるのだが、かくいう私もこのタイプに該当する。

賢者タイプ

《主な特徴》

- ○主張し過ぎない清潔感ある髪型
- ○だらしなさを感じさせない着こなし
- ○一見地味に見えるが仕立ての良い服
- ○トラディショナルブランドを好む傾向
- ○カジュアルシーンではTシャツではなくポロシャツを着ている
- ○金のロレックスよりはレザーベルトのグランドセイコー
- ○物静かな立ち振る舞い

○店員などにも礼儀正しく寛大

【解説】

幼少の頃から、誰に強制されるわけでもなく、自発的に何かを学び取ろうとする傾向がある。学生時代から自分の将来像を思い描き、なんらかの目標に向かって努力を重ねてきたタイプ。ギャンブルのような人生設計はせず、なるべくして成功しているような人物が多い。

自分にとって必要な情報だけを求め、必要か否か、何が最適かを自身で判断する。そこに他人が介入する隙はなく、営業マンにとっては最も手強いタイプ。

努力の過程や大切にしているもの、本人特有の知識などを褒めるとよいが、「ヨイショされて舞い上がっちゃった……」というような状態を恥としており、あからさまに褒めたりするとご機嫌を損ねるので要注意。

スタンダードタイプ

《主な特徴》

○至って普通品質の装い
○鞄と財布だけはブランド物
○型落ちのモンクレール
○毎年変わってしまうデザインものより、ずっと使えそうな定番のモノグラム柄
○本人が青春の盛りであった頃に流行ったファッション
○ショールームなどへの来店時には少なからず緊張が見られる

【解説】

最も多数派のいわゆる中流層。世帯年収500万円～1200万円。安全を求め、多数派に流されやすく、強きに影響を受けやすい。人間らしい人間。

特筆すべき強いクセがないため、それぞれの個性を見つけ出し、さらなる分類や対応策を講じることでクロージングの精度を高める必要がある。

見た目で判断する感覚を養おう！

さて、次の、①～⑤に示された女性の〝手〟を、Ⓐ～Ⓔ群から選んでみてください。

① 3歳と1歳、2児の子育てに大忙しの専業主婦
② 早朝から重労働の酪農系女子
③ 六本木のホステスさん
④ 有名へアサロンで頑張るアシスタント
⑤ 接客を伴うOLさん

Ⓐ ベージュ系、単色のネイル。適度に切りそろえられた爪
Ⓑ 短く切られた爪。手が荒れ、指先にはばんそうこう
Ⓒ よく日に焼け、皮が分厚くたくましい
Ⓓ 指先に染みついてしまったような黄ばみ黒ずみ。荒れた手
Ⓔ 華やかな装飾付きのネイルアートが施され、白くきれいな手

正解は……。

①→Ⓑ　掃除、洗濯、料理、子どもの手洗い、歯磨き、入浴、おむつ交換……。毎日毎日何度も水に触れ、子育てに奮闘する手。

②→Ⓒ　寒い日も暑い日も、日が昇る早朝から畜舎の掃除に、大量に消費される餌の準備など、命を育む過酷な仕事をこなす手。

③→Ⓔ　お客さまをベストコンディションで迎えるため、メンテナンスを怠らない。自身そのものを武器とする者の手。

④→Ⓓ　シャンプーにパーマ、カラーリング、閉店後も練習は続く。夢に向かう努力がカタチとなった手。

⑤→Ⓐ　勤め先のルールの範囲でＴＰＯをわきまえながらの努力が垣間見える、さりげないオシャレ。

このように、〝手〟の見た目だけでさまざまな推測ができますよね。では、このような感覚はどのようにして培われるのでしょうか。

私が第一に実践してきたのは、人間観察です。街を歩くとき、居酒屋で呑んでいるとき、常に隣の会話に聞き耳を立てながら、その身なりやしぐさを観察することが身体に染みついてしまいました（もちろん、相手に見ていると悟られないようにです）。

次に実践したのは、他業種の方に一日の過ごし方を質問して聞いてみることです。皆さんは他業種の方の一日を、どれだけ深く知っているでしょうか。ひどい冷えと長時間同じ姿勢をしていることが原因であるつらい腰痛と格闘しながらも、お客さまのために一日中クーラーを効かせて、息子の学費を一生懸命稼ぐタクシー運転手の一日を想像したことがあるでしょうか？　寿司職人の、お客さまの前で調理するとき以外の一日の過ごし方をご存じでしょうか？　またオフの過ごし方は？　何に気を付けて、どんなことが大変なのかご存じでしょうか？　はたまたバーテンダー、アパレル販売員、銀行員、医師、教師、保育士、商社マン……。

私は、タクシーに乗ったら運転手さんと、寿司を食べに行ったら大将と、バーのカウンターで呑むときはマスターと自ら進んで会話し、根掘り葉掘りその日常を聞くようにしています。そのことが自身の引き出しを増やすことにつながるからです。先生は至るところに存在してくれているのです。

また、医療、経済、そのほか実在する職業や事件を詳細に取材・調査し、研究をしたうえで書かれたリアルな小説を読むことも、ぜひおすすめしたいと思います。小説はその文字だけで、読み手がその場の情景や雰囲気などを思い浮かべられるよう、細やかな描写がなされており、これが大変に参考になります。

リアルな小説は、作者とそのチームが一生懸命に取材や調査をした他国や他業界、他人の人生を、ものの数時間で一気に閲覧できる最高の概要書なのです。皆さんもぜひ、「人間観察・他業種の人に質問・リアルな小説を読む」という、3つを習慣付けていただければと思います。

蛇足かもしれませんが、一営業マンから始まり、会社を経営するようになった私の立場からお伝えすると、さまざまなステータスの人間を知り、そこで得られた情報を応用し、推測する能力を培うことは、新たなニーズやターゲットとなる顧客層を開拓するためのマーケティング能力を培うことにつながります。この能力は、営業の仕事だけでなく、商品やサービスの開発、人事計画など経営全般に必要な能力を向上させるものでもあり、必ずやあなたの可能性を広げてくれるはずです。

ヒアリングとはDBMの発掘とOBJの把握である

内容はこのあとにご説明させていただくとして、少なくとも私はこのような考えでヒアリングを行っています。

時折、セミナー・研修などで、参加者の方とこのようなやりとりをすることがあります。

「ヒアリングとは？」と問うと、

「お客さまの好みを聞くことですかねぇ……、お客さまが何をお求めか、ニーズを聞き出すことです」との回答。

これに対し、さらにこのように問います。

「その聞き出したニーズやお好みが、お客さまの購入を決める決定的な一撃となっている！と実感しながら販売ができていますか？　例えば、もう6年乗った車で年内に車検がくるとか、赤のスポーティなデザインが好きとか、そのようなことを把握できているのにもかかわらず、ご購入いただけなかったことはありませんか？」

すると、「恥ずかしながら、ニーズを把握してもご購入いただけないことなんてしょっちゅうです。この一撃で決まった！みたいな手応え……。ちょっとイメージが湧かないですねぇ」

このように、手応えを感じられないということは、知り得た情報を活用し、意図的に相手を誘導するという作業ができていないか、それを行おうとする意識すらないという状態なのです。うわべだけの情報をいくら得たとしても、自身でコントロールできないようであれば、そのヒアリングはただの雑談で終わってしまう。まさに、〝時間＝お金〟の無駄になってしまうのです。

すでに買うと決めているお客さまのお好みを聞いて、それに見合ったものを選んで差し上げる……。これは当然のようにやらなければならないレベルのことで、あえていうなら営業マンではなく、案内係の仕事です。

我々が目指すのは、買う予定のなかったお客さまが、思い掛けず買ってしまうような最高の接客なのです。そのためには、「これを手にすれば、人生が変わる」と感じていただけるような感動を起こさなければなりません。

ＤＢＭ（ドミナント・バイイング・モチベーション）とは直訳すると、「支配的な購入動機」となり、〝あらがえないほどの支配的な購入意欲〟という意味です。

補足すると、ＤＢＭとはもともと存在するというよりはこちらで創り上げ、相手に認識

図表5　OBTとDBM

OBT	DBM
◎人生設計のイメージがあいまい 今後の予定……	◎夫婦仲良し 今後も一緒に旅行など行きたい
◎ヨーロッパなど、観光で さまざまな場所に行きたい ↑ ハワイの別荘は不要？	◎お子さま、今年から社会人 ↓ 肩の荷が下りた？
◎ご主人、高齢のため大きな買い 物に抵抗感がある	◎年に一度は家族旅行 ↓ ここ数年は行けていない
	◎ご家族そろっての思い出……
	◎今後は夫婦二人で自由に楽しめる

させるものなのです。よってヒアリングとは、DBMを創り上げるための部品である情報を得るための発掘作業といったほうがイメージしやすいかもしれません。

Objection（オブジェクション、以下OBJ）とは直訳で「異議・異論・反対」となり、購入の弊害となり得る問題点のことをいいます。

こちらの思惑どおりに相手を誘導し、感動させ、時として人生の変化すら予感させ、何百万円以上のものを衝動買いさせてしまうために必要なのが、OBJの徹底排除とDBM

ポイントの徹底プッシュです。

参考までに、図表5はハワイの会員権を販売していた頃のヒアリングメモです。雑談のなかで見えてきた重要なポイントをメモしています。記載されているような要点を踏まえながら、後半のトークを組み立てていくのです。

唐突にシュールなたとえ話をしますが、想像してみてください。四方海に囲まれた絶海の無人島に取り残されたあなたとあなたの大切な家族。どうやら助けは期待できそうにない。自分一人なら心が折れ、諦めるかもしれないが、そうはいかない。そんな状況のなか、生きるために何で飢えをしのぐのか、何で雨風を遮るのか、何が身を守ることになり、何が武器になるのか……。あなたは家族のために、必死で生存のための〝情報〟を模索することでしょう。

もちろん、そんな非現実的な状況を経験することはないので、そこまでの真剣さを持つことは難しいでしょう。しかし、私は常に、あくまでも取り組む姿勢としてですが、それに近い緊張感と真剣さを持ってヒアリングに臨みたいと考えています。

なぜなら、このヒアリングが成約率を高め、ひいては自身の収入を高め、自身の人生を潤わせることにつながるからです。

ぜひ、このような目的意識を持ってヒアリングに取り組んでください。

褒めて共感して饒舌に

【共感＝褒めること】

褒められるのは、気分が良いものです。こちらが話したことに対して相手が驚いてくれたり、感心してくれたりすると、無意識のうちに気分が乗って話をさらに続けてしまいますよね。

このような経験はどなたにもあるでしょうし、このことについてもはや説明は不要でしょう。営業活動においても、相手の心を開いて会話を円滑なものにするために、褒める回数は多ければ多いほど良いのは当然のこと。

しかし、何か話すたびに「すごい！」「さすが！」「よっ！」と持ち上げられてばかりでは、なんだか逆にバカにされているようで不快な気分になってしまいます。

そこで皆さんにおすすめしたいのは、〝あからさまに褒める〟のではなく、〝相手に共感を示す〟ことです。

相手を褒めるというプロセスを整理してみると、

相手の言動を見聞きする　↓　**共感する**　↓　**敬意を抱く**　↓　**言葉にして伝える**

という流れになっています。褒めるということは、根本に共感があり、そこに敬意を伝えるための装飾を加えたもの。この余計な装飾を取ってあげるだけで、何度言葉にしても不快感を抱きにくくなるのです。

例えば、相手がしゃれたネクタイをしていたとしましょう。

《直接、本人を褒める場合》

「ネクタイ、本当にすてきなチョイスですね！　○○様、センスが良いってよく言われませんか？」

《共感を示す場合》

「あ！　そちらのネクタイ、好きです！　この絶妙にレトロな質感と色合いのものって探してもなかなか見つからないんですよぉ」

もちろん、前者が間違っているわけではありません。センスやルックスなど、本人自身や本人の能力を褒められることはうれしいものです。でも、一度だけなら前者のほうがうれしいと感じるかもしれませんが、繰り返すことでどうしても重くなってしまいます。「よく分かります！」「あるある！　よくありますよね！」「私も同じです！」「その考えはなかったです！　なるほど！」「ぜひ教えてください！」など、直接本人を褒め讃えるのではなく、共感を示す言葉をちりばめて居心地の良い空間をつくるようにするのがポイントです。

褒め方テクニック集

当然ながら、共感を示すだけでなく、要所できっちり褒めることも大切です。接客時に使えるか否かにかかわらず、より効果的に相手を気持ち良くする褒め方をいくつかご紹介しましょう。

《本人の不在時を狙う》

「昨日、オレもその流れで呑みまで同行することになって疲れたよ……。でさ、雑談のなかで、課長がお前のこと褒めてたよ！　最近、周りをよく見ていてチームを牽引してるって。すごく成長を感じるみたいなことを、本部長に向かってうれしそうに語ってたぜ」

と同僚からの報告を受けた私は驚きました。いつもは厳しいあの課長が褒めてくれたというギャップから、胸が熱くなるような高揚感を覚えました……。

皆さんにも、こんな経験があるのではないでしょうか？　自分がいないところで褒められると、いっさい虚飾のない気がして、直接褒められるより何倍もうれしく感じるものです。これを接客時に使わない手はありません。

例えば、ご夫婦で来られたお客さまであれば、ご主人がお手洗いに立った瞬間などは絶好のタイミングです。奥さまが一人になったらすかさず、

「ご主人さま、なんというか威厳がございますよね。最初は正直、緊張いたしました。でも、お話をさせていただくと、すごく優しい笑顔をしてくださるので救われました！　男の私から見てもカッコいいです！」

などとお伝えし、ご主人が戻ってくる頃を見計らって、お茶を入れ直すなど、理由を付けて意図的に席を外すのです。すると、奥さまは戻ったご主人に、

「あの営業の人、あなたのことカッコいいって褒めていたわよ。フフフ……」

席に戻ったら、ご主人の態度が軟化しているのはいうまでもありません。

また、これは奥さまにとっても、悪い気はしないものです。なんせ〝自分の主人〟を褒められているのですから。まさに全員がW・i・n-W・i・nになる褒め方なのです。

《本人ではなく隣のパートナーを狙う》

雑談のなかでの一幕を例に挙げます。

ご主人「……という毎日なので、せめて週末くらいはねぇ。妻や家族との時間を大事にしたいなぁ、とは考えていましてね」

営業マン「いやぁ、私なんかは要領が良くないほうなので、恥ずかしながらギリギリまで仕事を抱えて、自分の疲れを取ることしか考えられない状態で……。奥さま、ご主人さまから大切に思われていますね！　結局、家族思いの男がカッコいいですよね！」

ご主人との会話であっても、褒めるときは奥さまのほうを見て、奥さまに語りかけるのです。あえて、ご主人から目線を外し、褒める瞬間だけ会話の輪の外に追いやり、奥さまと営業マンだけの空間にすることで前述した《本人の不在時を狙う》に近い効果が得られるのです。

《あえてディスる》
～コワモテ・ワイルド・クレイジーetc.……アウトローに憧れる漢たち～

●ケース①

お世話になっている不動産会社のA社長との会食。お酒が入ってきて、饒舌になっているA社長から、いつもの自慢話が始まった。

A社長「そうなんだよ！　オレが出ていくと急にシーンとなって、みんな固まるんだよなぁ。普通にしろっていうんだよ！　まったく！」

私「いやぁ～、でも、A社長は黙っていると完全にマフィアのボスみたいな雰囲気が勝手に出ちゃっていますよ（笑）。そりゃ、社員の方々も緊張するでしょう！」

A社長「誰がだよ！　ホントに失礼だなぁ、お前は‼」

怒っているはずなのに、なぜかうれしそうにほっこり顔のA社長なのであった。

●ケース②

ある日、B先輩と呑んでいた。酔いも回り、気分良く2軒目を探して歩いていると、突然B先輩が男性1人、女性2人の3人組に話し掛け、男性をおいてオレたちと呑みに行こうと女性を誘いだす蛮行に及んだ。もめごとにならないかヒヤッとしたが、案の定、冷たくあしらわれて終わった。

私　「先輩、さすがに今のはヤバいですって！　マジでクレイジーっすね！　まねできないっすよ!!（笑）」

B先輩　「いやぁ、あの左の子にビビビッと運命を感じたわけよ！　行くと決めたら行く男だからねえ、オレは！」

ナンパに成功したわけでもないし、私は褒めていない。しかし、見ていて腹立たしいほどに誇らしげなドヤ顔を示すB先輩なのであった。

※完全な余談ですが、のちにこの非常識なB先輩とは縁を切りました。

《同じ土俵で褒める》

例えば、超一流企業の創業者。年齢もステータスも、一営業マンからすれば圧倒的に上の相手に対し、何を褒めたらいいのかというケースに悩む人も多いのではないでしょうか。
誰であっても、自分と比べ、同等かそれ以上の能力やステータスを持つ他者に褒められると、うれしさは一段と高まっていくもの。それが糧となり自信につながることもあるものです。

しかし、それとは逆に、明らかに目下の取るに足らない存在の人間から褒められても、それは日ごろから聞き飽きているお世辞の一つとして聞き流されるだけです。そんなときは、次のように一手間加えるのです。

私「余計なことを申すようで恐縮なのですが、お召しの時計、私のようなものからすれば、ただただ憧れる逸品です。そのような時計を、当たり前のようにつけられるまでの道のりに、私はすごく興味を持ってしまいます。社長が私と同じような年齢の頃には、さぞかし濃い日々を送ってこられたんですよね？」

社長「いやいや、そう変わらないもんだよ。君は今いくつなの？」

このように、〝今〟を褒めるのではなく、自分と同じ年齢であった頃へと話題をタイムスリップさせて、同じ土俵で褒めるのです。すると、お世辞として流されないものになるばかりか、当時を懐かしむ気持ちと相まり、話が弾んだりもするのです。

《失敗を讃える》

時折、目上の方との会話のなかで苦労話を聞くことがあります。バブルの頃に不動産売買で○億円も損したとか、会社を潰したといった失敗談を話す方がいます。このような場面では、「それは大変でしたねぇ……」と無難なリアクションを取ってしまいがちですが、これでは話し手の真意を汲み取るには至りません。彼らからしてみれば、どん底から這い上がってきた自分をもっと褒めてほしいのです。

私　「エーッ！　億ですか？　それはすごいですね。私からすればむしろ憧れます。そんな壮大な失敗を経験することなんて、凡人にはできないことです。カッコいいですよ！　私なんか、そのような大勝負の打席に立つことすらございませんから」

大切なのは、そんなレベルの大きな失敗談はあなたのような方にしかできないことだ、と褒めること。私の知る限り、このような切り返しができる営業マンはほとんどいません。このような会話の流れになった場合、例外なくお気に入りの営業マンとして、そのあと抜群にかわいがられる存在になっていくはずです。

《道具を褒める》

絶え間ない努力を積み重ねてきたプロや職人を、素人が褒めるのはおこがましいことです。例えば、ちょっと良いお寿司屋さんで、素人は素直に「おいしい！」「これ大好き！」と、自分の感情を表現することが職人さんへの称賛になります。作業している職人さんをのぞき込んで、「器用にやるねぇ！」などと声を掛け、その技術について評論しようとする人を見掛けますが、顔がほころんでいる職人を見たことがありません。その苦労や難しさを知らない者からの評価は、さほどうれしいものではないのです。

もし、職人さんとの距離を近づけたいのであれば、その道具を褒めてあげる。どんなジャンルであっても、職人と呼ばれる人たちは、その人生を懸けた仕事を続けるなかで、常に使う道具があります。それは、毎日毎日使う自分の魂がこもった大切な存在。そのような大切なものを褒められれば、誰でもうれしいはずです。

以前、私が大好きなお寿司を食べに行ったときのことです。

「やっぱり包丁って、毎日研ぐものなんですか？　実は、その輝きから目が離せなくなってしまって！（笑）　美術品のように美しいですね！」

そう話し掛けると、大将はほかの包丁も持ち出してきて「これは堺の包丁で……」などと、目をキラキラさせて語ってくれました。その様子になんともいえない愛おしさを感じたものです。

そのあとは、楽しく会話をしながら、お寿司を頂くことができました。なんと終盤には、一貫２０００円もする高価な紫ウニをサービスしてくれたのです。

道具を褒めるのは、営業の場面で使うことはありませんが、相手をハッピーにする気の利いた言葉はどんどん発するべきだと考えています。日ごろから関わる人たちをハッピーにしていたなら、それはいつか自分に返ってくるものです。

筆者の手前味噌になりますが、ここでご紹介した褒め方テクニックはあくまでも一部であり、このテーマだけで一冊書けるほどに引き出しを持っています。

皆さんも、どのようなタイミングで、どのような言葉を投げ掛ければ、どのような効果をもたらすのか。ぜひとも想像を膨らませ、日々研究してみてください。

オープンクエスチョンで感情を引き出す

ヒトの頭のなかはいくつもの小部屋に分かれており、その組み合わせによってヒトの心理は決定されている、と私は考えています。感情が動くスイッチのある〝本能の部屋〟は最も奥にあり、その前にいくつか理性で管理された部屋がある。扉を開けて奥へ進み続けていくことで、真のＤＢＭにたどり着ける……。褒めたり共感したり、アイスブレイクをして扉の鍵を解き、最後のオープンクエスチョンによって、この扉が開かれるのです。

〝オープンクエスチョン〟については数々の会話術・営業指南本などに書かれているので、皆さんもよくご存じかと思いますが、念のためご説明しておきます。

オープンクエスチョン

クローズドクエスチョン……回答が制限されたなかで回答が一つしかなく、その回答をもって会話が終了するような質問のこと。

（例）
コーヒーは飲みますか？ ………… はい。
赤と白、どちらにしますか？ …… 赤にします。

オープンクエスチョン……回答の制限がなく、自由に発言できるような質問のこと。

（例）
なぜいつもこのコーヒーを選ぶのですか？
どんなときに赤を選ぶのですか？

この場合の質問は、5W1Hを使用します。※5W1Hが分からない場合は調べてみてください。

私 「どんなときにコーヒーを飲むんですか？」
相手 「やっぱり、仕事の合間にほっと一息つきたくなるときかなあ。落ちつくもんね」

私「張り詰めて仕事しているんですね。気の抜けないお仕事なんですか？」

相手「法曹関係です。まあ、気は抜けないですよね（笑）」

私「え！ それはそれは……。素人からは想像もつかない重圧もあるんでしょうね。これまで大変な努力を重ねてこられたんでしょうね」

相手「いやあ、もう一度あれをやれと言われても絶対無理ですよ（笑）」

私「自分を追い込んだ試練の期間があったわけですね。努力を継続できる方って尊敬しますよ！ ある意味、才能ですよね。努力の天才なのだと思います。ただの興味でいろいろとうかがってしまって恐縮なのですが、そのような難しいお仕事を志したきっかけはどんなことだったんですか？」

相手「自分の場合は親のいいなりですよ（笑）。小さな頃から親父にずっと弁護士になれと言われ続けていましたから……」

私「え？ お父さまも弁護士なんですか？」

相手「いや、頑張って勉強したのですが、経済的な事情で進学できず、働かざるを得なかったようで……。自分が無理だったから、私にその夢を押し付けたってわけです（笑）」

もちろん、この文章だけでは伝わらない、表情や声色、話すスピードなども意識して、居心地の良い空気感になっていることが前提ですが、質問の投げ方次第で、このように話が広がっていくのです。

また、一連の会話に相手の人格を形成する大切な要素（弁護士を目指したきっかけについて）が見え隠れしていることにお気づきでしょうか。このような会話のなかに、せきを切ったように涙を流し始めてしまうような感情のスイッチが隠されているのです。

レッテルを貼っておく

A　「飲料水」とだけ書かれたボトル
B　「富士山麓の新鮮水」と書かれたラベルが貼ってあるボトル

中身が同じ水であったとしても、選ぶとするならBを手に取る方がほとんどでしょう。ラベルに記されていることから、中身を想像するからです。

それは私たちも同じ。自分にラベルが貼られていたとしたら、ラベルどおりの自分でいなくてはならないと無意識のうちに思い込み、そのとおりの行動を取ろうとする習性があります。

例えば、一枚上手のホステスさんは、お客さまをお行儀の良い客に教育していくそうです。

ホステスの不二子さん（以降：不二子）「あ、睦利さん！　来てくれたんですね。うれしい！」

お客の睦利（以降：睦利）「いやぁ、不二子ちゃんに会いたくなっちゃってねぇ。なんでも好きなのを呑んでよね！」

不二子「ええ～！　うれしい～！　睦利さんは今日も優しいですね。なかなかお客さんのほうから呑んでいいなんて言っていただけないものですから……」

睦利「そうかい？　普通だよ」

不二子「みんな睦利さんみたいな紳士さんだったらいいのに……。なかにはお触りとかセクハラをする人や、なぜかツンツンして話してくださらない難しい方もいらっしゃるんですよ。睦利さんみたいに優しい方だと、心が安らぎます～」

睦利「そ、そうかい？」

〝ツンツンしたり、セクハラをしない紳士な男〟というレッテルを貼られた睦利は、不二子さんの狙いどおり、〝とてもお利口さん〟な優良顧客に教育されていったのです。

次に、前にも触れた《本人ではなく隣のパートナーを狙う》の例文に、このレッテル話法を盛り込んでみましょう。

ご主人　「……という毎日なので、せめて週末くらいはね。妻や家族との時間を大事にしたいと考えまして……」

営業マン　「いやぁ、まさにご家族思いの理想の夫像ですね！　私なんかは要領が良くなくて、恥ずかしながらギリギリまで仕事を抱えて、自分の疲れを取ることしか考えていない状態ですよ。奥さまは大切に思われていますね！　結局、家族思いの男がカッコいいんですよね！　私も初心に戻って、家族思いのご主人を見習わないと！（笑）」

部分的に切り取ってみると少々強引に感じるかもしれませんが、このように複数回、同じ言葉（家族思い）を反復することで〝レッテル〟が貼られ、このあとは家族思いの夫としての行動を取らなければいけないという暗示がかかるのです。これがのちのちのクロージングで決定的な効果をもたらすというわけです。

「君の報告は常に正確で、虚飾やミスを隠すようなこともない！　すばらしいよ！」

と褒め続けることで、正確な仕事をして正直な報告をする部下が育ちます。

「やれコピーだ、やれお茶を出せと、周りからタイミングも考えず言われてもいつも笑顔でやってくれる君に、みんな感謝しているよ！　いつもありがとな」と、こまめに気遣いの言葉を掛ければ、嫌な顔一つせず、雑務をこなしてくれる気持ちの良い事務員さんが育つはずです。

このテクニックは日常のなかでも本当によく使えるので、ぜひとも試していただきたいと思います。

コラム

あくまでもお客さまのため、感謝を忘れずに

高収入を得たいという動機で勤め始めたのが、健康器具の販売会社でした。地方の山間にあるスーパーの隅っこで健康器具の無料体験会を開くのですが、設営から呼び込み、使い方の指導、販売まで、すべてを一人で行っていました。

まだ新人の頃、まったく知らない土地で見ず知らずの人に声を掛け続け、さすがに心細くなっていた私のところに、夕方になると必ず一人のおばあさんがやって来ました。私がちゃんと食べていないと思ったのか、そのうち毎日おかずを1品持って来てくれるようになったのです。

それは無料体験会が終了する半年後まで続きました。高価な健康器具で、新人の私はなかなか売ることができず、散々な結果で終わりました。落ち込みながらもお世話になった方々に挨拶をして回っていました。結局、そのおばあさんにも購入していただけませんでしたが、半年間の感謝の気持ちを伝えると、

「最後にご飯を食べにおいで」

と誘ってくださったのです。母親のように感じていた私は、その誘いを受けてお宅にうかがいました。すると、決して裕福ではないことが明らかな、今にも吹き飛びそうな、本当に小さな家に一人暮らしをしていることが分かりました。家に上げてもらうと仏壇がありました。お線香を上げさせていただこうと仏壇の前に座ると、私と同じくらいの年代の男性の写真が飾られていたのです。聞くと、息子さんに先立たれたとのこと。そしておばあさんは、

「お金がなくて……。買ってあげられなくて、ごめんね。これまでありがとうね」

と申し訳なさそうに封筒を渡してこようとします。封筒は受け取りませんでしたが、なぜか、私の目から涙が止めどなく流れ、声を出して泣きました。

どこか横柄で、一生懸命なふりをして、うわべだけの接客をしていた私が、本当の感謝を知った出来事でした。

第4章

【商品説明編】

ショータイムのはじまり

世の中はどんどん便利になっていますが、無駄をなくせばなくすほどヒトは仕事を失っていきます。

すべての人が幸せを享受できる平等な世の中という理想を誰もが望みながらも、ある者は富み、ある者は淘汰されるのが現実です。格差の広がりはもはや止められません。

であるならば、せめて自分と自分の大切な人の幸せだけは担保できるよう努めたいもの。相手を感動させ、エキサイティングでドラマティックな商品説明ができるのであれば、どれだけ世の中が便利になり、ヒトの仕事が減っていったとしてもあなたの出番がなくなることはないでしょう。

少なくとも、ネコ型のロボットのようなものがそこらあたりを歩いているような未来が来るまでは……。

興味付け

「では、今から握っていきますね！　一貫目は、今が旬の生のとり貝です！　普段なら湯通しするのですが、一年のうちでも初夏の今時分しかお出しできないものですから、一発目にもってきました！　すだちの香りとお塩でお楽しみください！」

奮発して頼んだ特上握りランチ。寿司下駄に並んだ12貫の寿司をただ食べるだけでももちろんおいしいのですが、冒頭のように一貫一貫の背景を丁寧に説明されたとしたらいかがでしょう。多くの方が、見た目と香り、食感、そして味覚を総動員して、その一貫を感じ取ろうとアンテナを全開にして楽しむに違いありません。

ネタ、職人さん、握り方が同じであったとしても、興味を引き付ける会話があるのとないのとでは、食べ終わったあとの満足度は全然違ったものになるはずです。

それは、営業での商品説明の場面においても同じ。興味付けはとても重要です。考えてみてください。唐突に商品説明を始めても聞く姿勢ができておらず、文字の羅列がお客さまの耳を右から左へただただ抜けていくだけです。そうならないためには、「自分はなんのために聞くのか」「実際に使用すると自分の生活がどのように変わるのか」と、気持ちを一度リセットしてもらい、聞く姿勢になってもらわなければいけません。

そこで使うのが、興味付けのトークです。興味付けのトークとは、文字どおり、自分自身に直接関係していたり関心のある話をすることで、相手の興味を引き付けるトークのことです。いきなり本題に入るのではなく、興味付けのトークを入れ、話を受け入れる態勢にしてあげる。そうすれば、あなたのセールストークはお客さまの心の奥まで届くのです。

YES獲り

脳はハイスペックです。特にヒトの脳は無数の機能を持っており、それらを連携することで複数の作業を同時、または短期間に並行して行うことができます。ヒトは地球上で最も高性能な脳を持った奇跡の存在であると私は考えています。

しかし、無数の機能を持っているため、皮肉なことにたった1カ所でも誤作動が起これば、それがほかの機能と連携し、時として理解できないような錯覚（暗示）に陥ることがあります。とりわけ、本能的な役割を果たす機能ほど、誤作動を起こす原因になりやすいと解釈しています。

例えば、猛スピードで走る車（黒い／ＢＭＷ６シリーズ／クーペタイプ／ゴールドのホイール／神戸ナンバー）に、あわやひかれそうになったとします。しかし、あまりにとっさの出来事だったため、普段は車に詳しいはずのあなたの頭のなかは真っ白に……。どうにか〝黒い車〟という情報は記憶していました。

このことを、本能と理性の違いを使って説明するため、ヒトの脳に本能の部屋と理性の部屋があると仮定します。

理性の部屋は、ロジカルで詳細な情報を記憶しようとします。この例でいえば（黒い／BMW6シリーズ／クーペタイプ／ゴールドのホイール／神戸ナンバー）がそれに当たります。しかし、情報量が多いため記憶から失われるのも早い。

それに対して、本能の部屋では生存するための最低限の情報（黒い車）を確実に得ようとします。この本能の部屋に蓄積される、単純ですが非常に失われにくい記憶の特性を利用した、クロージングへの布石が〝YES獲り〟なのです。

相手からYESをたくさん獲るためには、必ずYESが返ってくるような質問を投げ掛け続ければいいのです。

ＹＥＳ獲りの例

○今日は良いお天気ですね！　……　ＹＥＳ
○ご挨拶をさせていただいてもよろしいでしょうか？　……　ＹＥＳ
○お飲み物をお出ししてもよろしいでしょうか？　……　ＹＥＳ
○どちらかといえば、落ちついたデザインのほうがお好きですか？　……　ＹＥＳ
○判断基準はお子さまのためになるか否か、でしょうか？　……　ＹＥＳ
○本日ご覧になって、良いなぁと少しは思っていただけましたか？　……　ＹＥＳ

それぞれの質問の細かい内容はさておき、〝ＹＥＳという肯定の判断をした〟という、その単純な記憶だけが〝本能の部屋〟に蓄積されていきます。そうすることで、〝目の前の人物にはおおむね肯定的である〟と脳が判断し、ほかの機能を司る部分と高度に連携。それが時として、まったく買う予定のなかった大きな買い物を突然してしまうという、うれしい誤作動を引き起こすことにつながるというわけです。

そういう意味で、たとえ雑談であっても、無意味な世間話で終わらせるのではなく、目的意識を持って取り組むことが大切なのです。

あるとき、ないとき

中華饅頭とアイスキャンディーで、関西では知らない人はいないほど有名な某企業のCMに、このようなものがあります。

●この饅頭があるとき　↓　家族全員笑顔溢れ、明るい雰囲気
●この饅頭がないとき　↓　家族全員肩を落とし、どんよりと暗い雰囲気

あるときの幸福感とないときの悲壮感を単純明快な対比でコミカルに表現しています。
〝それ〟を手に入れることによってもたらされる幸福を欲する欲求
〝それ〟がないことによって生じる不利益から逃れようとする恐怖心
ヒトが新たに何かを手に入れようとする動機とは、突き詰めると右記のどちらかしかありません。特に恐怖が動機となる場合、理性ではあらがえない本能的な衝動で行動を起こ

す可能性が高くなります。

なかでも、営業の世界で常にトップクラスの成績を維持するプレイヤーの多くは〝恐怖〟を操ることに長けています。相手に不信感を抱かせることなく、とても自然でいながら、確実に相手の心理に恐怖心を植え付けるのです。

それなりにデキる営業マンが、「この商品があれば、いかに生活が変わるのか」を上手に提案して一つのメッセージを伝えている間に、トップセールスは「この商品がないことの恐怖」も同時に伝えることで、二つのメッセージを伝えているのも特徴です。

健康機器販売のセールスならば、次のような感じです。

営業マン「寝たきりになる原因をたどっていくと、実に6割以上の方が膝など下半身の痛みに関するお悩みを抱えているそうです。直接的な原因になるだけでなく、複合的な要因の一つになっていることが多いようです。今は時々痛む程度の膝でも、なんの予防もせず放置した10年後と、きちんと予防を心掛けた10年後とでは、全然違ってくるはずです。膝や股関節の痛みで動きづらくて家に閉じこもる日々と、毎朝元気にラジオ体操から始まる日々。想像するだけでも、すごい違いですよね」

お客さま「本当にそうよねぇ」

営業マン「そういう意味で、たいしたことはない状態のときからの予防が大切だと、一人でも多くの方にお伝えしたい……。そんな信念で、私はこの仕事に取り組んでいます」

お客さま「……」

営業マン「で、この家庭用の医療機器はですね……」

という具合に、持つことによるプラス面だけでなく、持たないことによるマイナス面も同時に伝えていくことで、話を聞く側の想像力をよりかき立てることは間違いありません。

あるとき&ないときトークの例

○このマンションを選んだ生活、そうでない生活
○この教育プログラムに参加した未来、そうでない未来
○この腕時計をつけたあなたの日常、そうでない日常

○保険に入っているからこそ救われる未来、そうでない未来

皆さんも、今ご自身が扱う商品やサービスに当てはめて、考えてみてください。私の経験上、大げさなくらいにドラマティックなストーリーのほうが、聞く側に伝わりやすい傾向がありました。頭に入れておいてください。

成約例と紹介例は必ず話そう

私はクロージングまでのどこかのタイミングで、必ず次のようなエピソードを話すようにしていました。

「手前味噌な話で恐縮なのですが、おかげさまで私、トップの成績をずっと維持させていただいております。唐突にこんなことを申すと鼻に付くやつだと思われそうなのですが、あえてお伝えいたしております。実はこの仕事、オーナーさまからのご紹介で成り立っております。私の成績もほとんどがご紹介で支えられております」

「大切な方を紹介するということは、余程の信頼がないとできないことだと思います。紹

介してもいいと思えるサービスをご提供できる会社であり、担当でなければならないと日々考えております。それに対して応援してくださるオーナーさま方のお気持ちをたくさん背負わせていただいていることが私の誇りです。そんな気持ちから、私はあえて、胸を張って自慢させていただいております（笑）」

私は、このトークをまだトップになっていないどころか、入社して3カ月ほどしか経っていない頃からお客さまにしてきました。「トップになる！」と決めた日から、もう気分はトップだったのです。立ち聞きした上司に叱られたばかりでなく、生意気だと一部の先輩ににらみをきかされたりはしましたが……。しかし、「営業は成果で語るべし！」との考えから、そのようなお叱りはスルーさせていただき、半年以内には現実のモノとしたのです。誰も傷つけない、かわいらしい嘘はご容赦いただきたいものです。

昔話はさておき、私が頑なにこのスタイルを貫き通したのは、効果があるからです。紹介をたくさんもらっているということは、とりもなおさず、それだけたくさんの方が満足している証拠。「この人とこの商品、そしてこの会社なら大丈夫！」というお客さまの安心感につながるのです。

もちろん、そのときの立場やその人のキャラクターがあるため、すべてのヒトに対して同じようなトークをコピーすることはおすすめしません。しかし、ご自身に合った紹介例をいくつかつくっておき、必ず話すように心掛けてみてください。

成約例についても同様です。

「自分なんかが買っていいのか……」「ローンを組んで買ったとしても、ちゃんと払えるのか……」「使いこなせるのか……」など、さまざまな不安を抱えているお客さまに対して、同じような境遇にいる方たちも同じような考えで決断し、購入したという話を丁寧にすることで、安心していただくのです。

例えば、マンションの購入を迷っている20代のお客さまの場合。

「ご本人は公務員ですが、金融機関にお勤めのお兄さまに『住宅ローンは20代のうちに組んだほうがいい！』と背中を押されて、思い切ってマンションを購入したそうです。それから20年……、お子さまもご自分の部屋が欲しい年ごろになられたのを機に、1軒目を貸して賃料を得ながら、再度住宅ローンを組み、今2軒目に住んでいらっしゃいます。これには私も感心させられました！」

このような成約例では、「自分のような若い人でも買っているんだ……」という共感を抱かせています。その決断をした人が公務員をしている堅実な人物という点も大きな安心感を与える効果があります。

臨機応変かつ自然に、いつでも成約例を出せるように、日ごろからエピソード集を作成してネタをストックしておくといいでしょう。

ＯＢＪの芽は摘み取っておく

先述したとおり、ＯＢＪは購入を妨げる要因であり、いうなれば、お客さまからの〝お断りにつながる芽〟です。芽は、芽のうちに摘み取らねばなりません。しっかりと根を張り、太い茎を蓄え、枝を広げられてしまっては手に負えません。クロージング時まで触れず、または〝芽〟の存在に気づくことすらできずにいると、多くの場合、手遅れになってしまいます。

しかしながら、ＯＢＪをご丁寧に教えてくれるお客さまはいません。ヒアリングで手に入れた断片的な情報をつなぎ合わせ、お客さまの雰囲気や表情などから読み取り、仮説を立てて想定するしかないのです。

そんななか、デメリットやＯＢＪを先にお客さまの口から出されてしまうと、それに対する反論は何を言っても〝言い訳〟に聞こえてしまうもの。だからこそ、こちらからあぶり出して先に摘み取っておくのです。

例えば、前述の「成約例と紹介例は必ず話そう」で登場した20代でマンションを見にきたお客さまであれば、お話を聞く以前に〝年齢〟情報だけで、いくつものＯＢＪが想定されます。

予想されるＯＢＪ

○パートナーの理解を得られていないのに先走っている
○成人しているとはいえ、まだ若いため、親が出てきて反対される
○若さゆえ、経済的な準備が整っていない

○カードローンなどの利用で信用情報に問題を抱えている
○「まだ独身なので、これから考えます」と言って断られる
○「貯金がまだ少ないので……」と断られる
○「この年でローンを抱えることに不安があるので……」と断られる
○「まだ20代なのに早く人生を決めてしまうようで抵抗がある……」と断られる

このようなことを確認せず、芽を摘み取ることもせず、クロージング時にネガティブな言葉が一気に噴き出したとしたら、私でもお手上げです。そうならないよう、ＯＢＪは、必ずクロージング前に潰しておくことが大切です。

これについても、前述した「成約例と紹介例は必ず話そう」を見返していただきたいと思います。

年齢や独身、支払いといった複数のＯＢＪに対して、布石を打っていることにお気づきいただけるはずです。

ヒトが新しい一歩を踏み出す決断を迫られるとき、必ず「これで良いのだろうか……」と拒否反応を起こすものです。本当に大丈夫なのかを判断するためのある種の防衛本能ともいえるもので、重箱の隅をつつくようにあら探しを始めます。そうやって断る理由を探し始める場面が必ず出てくるのです。

営業マンが成約というゴールに至るには、そんな状況を乗り越えなければなりません。ただ、最後のクロージングの段になっても、ＯＢＪやデメリットを指摘するような質問が出た場合、そこからどんなフォローをしたとしても、すべてが後手に回り、完全に不利な状況に陥ってしまいます。

お客さまが購入を決断する瞬間、その商品の印象は最高でなければいけません。しかし、商品説明が終わった時点から疑念が湧くようでは、どんどん点数がマイナスされてしまいます。

そうならないために、想定されるデメリットや断り文句はすべて洗い出し、把握しておく。それに対する切り返しトークが滑らかに出てくるように、日ごろから準備をしておく必要があります。

また、把握しているデメリットは商品の特徴の一つとして、商品説明をする時点で〝先出し〟できていれば、あとから指摘を受けることもなくなると知っておいてください。

それでは、営業の場面で実際にどのように話せばいいのか、次の例を見ていきましょう。


【商品】

ハワイのコンドミニアムが使える会員権の販売

【よくある質問&断り文句】
- 繁忙期は予約が取りづらいのでは？
- 予約確約のプランは値段が高い
- 予約には、かなり以前から利用日を決める必要があるが、それでは先過ぎて仕事の予定が見えない

【商品説明時の先出しトーク】

「……予約についてですが、繁忙期はやはり予約が集中しやすいです。毎年、繁忙期でも予約を確実に取れる権利がございますが、少し価格が高くなります……。お子さまが大きく

なったらご夫婦二人で利用したい……ということであれば、繁忙期以外に柔軟に利用できるほうがおすすめです」

「このようなプログラムは、『ご家族との時間よりお仕事のほうが優先だ！　それが結果として家族のためなのだ！』というお考えならば、お持ちにならないほうがいいと思います。これは私がこの仕事を通して発見した意外な共通点なのですが、オーナーさまになられた方々を見ておりますと、やはりどなたさまも本当にご活躍なさっている方が多く、むしろ私どものような一般人より何倍も忙しくなさっている方ばかりです。ですが、充実してお忙しい方ほど、年に一度、この日だ！と決めて無理やりにでもお仕事を調整し、ご家族との思い出づくりの時間を確保なさっています。これには私も〝男としての生き方〟のようなものを学ばされます」

「今シミュレーションするならば、前もって予約すれば繁忙期も利用できて、ご家族に合わせてそのほかのシーズンも利用できるこちらのプランがご家族とのお時間を大切になさっている○○様には合っていると思います」

このように、レッテルを貼られ、完璧な先出し説明をされてしまうと、あとから予約がどうの、仕事がどうのといった断り文句は出せなくなるものです。ぜひとも使ってみてください。

デメリットは商品説明の時点で出し切っておくのが理想ですが、それでもすべてを出し切ることはなかなか難しく、クロージングの際に指摘を受けてしまうこともあります。

しかし、そのようなときも「ありがとうございます！　とっても良いご質問でございます」と余裕のリアクションが取れるように準備をしておきましょう。

最後に、ＯＢＪの芽を摘み取る際、最もやってはいけないことを伝えておきます。それは、デメリットがないように嘘をついたり、分かっているのに故意に伝えないことです。

先のハワイのコンドミニアムが使える会員権販売の例でいえば、繁忙期は予約が取りにくいのに、「予約は普通に皆さん取られているようですよ」などと誤魔化すようなことをしては絶対いけません。不誠実は必ず自身の首を絞めます。このような営業マンは、あとになってクレームやお客さまのサポートに忙殺され、新規契約どころではなくなることが目に見えています。

リンキング

商品はまったく同じでも、説明の仕方は無限です。お客さまが10人いるなら10通りの商品説明があります。

リンキングとは、お客さまから得られたすべての情報を駆使し、関連付けていくことで、オーダーメイドのように、そのお客さまに合わせた商品説明を行うことです。

その商品を手に入れたことで、日常が変わり、自分までも変われることを、お客さまの頭のなかで具体的な映像となるように説明していきます。よりリアルなシーンを想像していただくなかで、DBMを繰り返し刺激していくのです。

リンキングのでき次第で、その後の結果が決まるといっても過言ではありません。時としてお客さまが感動して涙を流すことさえある、非常に破壊力のある必殺のテクニックなのです。こちらが説得することなく、お客さまのほうから自発的に「買う！」と言わせてしまうトップセールスマンたちは、例外なくこのリンキングが得意です。

例えば、ハワイのコンドミニアムが利用できる会員権を販売するケースで、お部屋について写真を見ながら説明をしています。

「このお部屋は2LDK90㎡と非常に広く、二世帯でのご利用も可能です。ベッドルームはクイーンサイズで、大の字で横になっていただけます（笑）。ホテルにはないキッチンがあり調理ができますし、洗練された室内にある広々としたリビングから、そのままバルコニーへ……。ご覧ください！　このような美しいオーシャンビューがお部屋の前に広がっています。カラッとしてさわやかなハワイの風を感じながら過ごせる最高の空間です！」

どんな営業マンでもこの程度の情緒的な表現はすると思いますが、これでは少々押し付けがましい一方的なアピールになってしまっています。

ここに、ヒアリングで得た次の情報をリンキングさせてみましょう。

- 65歳前後のご夫婦。ご主人は今年お仕事を引退する
- 引退後、ご主人は田舎暮らしに憧れていたが、奥さまは便利な都会にいたい
- ご夫婦は関西在住。ご子息は東京在住で、出張も多く忙しいらしい
- 4歳のゆうと君と1歳のそうた君という、かわいい盛りのお孫さんが2人いる
- ご子息一家はお正月とゴールデンウィークに帰省。お嫁さんの実家が秋田で、お盆はそ

ちらに帰省

●今年のゴールデンウィーク、ご子息一家はご旅行とのことで帰省せず、お孫さんの顔が見られず、寂しそう

●ヒアリング情報をリンキングしたトーク

「このお部屋は2LDK90㎡と、一つひとつの空間が非常に広く、やんちゃ盛りのゆうと君、そうた君も窮屈な思いをすることはありません。お子さま連れの方ですと、ベッドを二つくっつけて、川の字で寝てらっしゃるそうですよ！　ゆうと君たちでしたら、トランポリンみたいにしてぴょんぴょん飛び跳ねるんでしょうね……」

「コンドミニアムには、ホテルにはないキッチンが付いていて、これが非常に便利なんです。ホテルのモーニングビュッフェが毎日だと重たくなりますよね。お子さまだとコーンフレークがあれば十分ですし、近くのマーケットで味噌とだしを買ってきてお味噌汁を作ることもできます。どうしてもロングステイですと、日本食が欲しくなりますからね。ワイキキで召し上がる奥さまのお味噌汁はまた格別じゃないでしょうか（笑）」

「リビングの先のテラスに出てみると、もう目の前にビーチが広がっています。テラスのい

すに掛けて優しい風を受けながら目をつぶり、何もしない贅沢を存分に味わっていただけます。そうしているとビーチで遊んでいるお孫さんたちが、『おーい！ じいじー！』と遠くから手を振ってくるわけです（笑）」

「私が担当させていただいているオーナーさまは、毎年夏休みシーズンになると、ハワイにご一族が現地集合するんです！ その方は福岡から、息子さんは東京から……。旅行と帰省を兼ねたような、毎年の家族行事になっているようですよ！ そして、この間お電話でお話しした際にほほえましい報告をお聞きしました。なんでも今では、下のお孫さんがテレビ電話で話すたびに、『早くじいちゃんのハワイのお家に行きたい！』と言うそうです（笑）。かわいいですよね」

ヒアリングの際、今年のゴールデンウィークに息子さんが帰省しなかったという情報を聞いた時点で、間髪入れずこのようなリアクションをします。

「ああ、分かります……。お客さまからよく聞くようになりました。今は生まれ育った町にい続けられる時代ではないですし、国内だけでなく海外にまで仕事を求めて行かなければならないご時世ですから……。帰省するのもなかなか大変で、連休ごとに実家に帰ると、家族での大移動で交通費もバカにならないんですよね（笑）。方向が逆の奥さまのご実家へも帰省するとなると、一度では難しいですし、旅行に行く暇なんてつくれなくなるんです。そのうちに、徐々に帰省の回数が減ってしまうんですよね……。でも、孫の顔を見ることを楽しみにしている両親に会いに行けない罪悪感もあると、息子さん世代のお客さまとの会話でよく聞きますし、私自身も同じように感じています」

事前に「あるとき、ないとき」の〝ないときの恐怖〟を植え付けておく。そうすることで、リンキングがより効果を発揮するのです。

プレクロージング

恒常性（ホメオスタシス）という言葉をご存じでしょうか。

人間は、無意識のうちに「元の自分の状態」に戻ろうとする性質を備え持っています。いい換えれば、人間は現状を維持し続けようとする生き物なのです。

何がいいたいのかというと、その性質が購入を決定する際の人間の心理状態に影響を与えるということです。

こんなシーンに出くわしたことのある方は多いと思います。営業マンが商品説明の最終段階にさしかかり、そろそろクロージングに入ろうかというところで、急によそよそしい態度を取るお客さまがいます。ヒアリングからの情報では、その商品はお客さまが求めているものであり、価格的にも十分に購入できるにもかかわらず、「この商品は本当に必要なのか？」などと購入できない理由をあれこれと探し出し、クロージングに向かえないケースがあります。

これこそ、ホメオスタシスの典型的な例です。自分自身に当てはめてみても、思い当たることがあるのではないでしょうか。ずっと欲しかったものが目の前にあり、予算的にもなんら問題ないのに、「今日、買うことはないのではないか？」「自分が欲しいのはこれなのか？」「もっと安いところがあるのではないか？」……と購入できない理由を探した経験は一度や二度ではないはずです。

ホメオスタシスが現れるのはなぜかといえば、相手に考える時間を与えてしまったからにほかなりません。ショータイムである商品説明が落ちつき、購入への熱量がいったん下がったことにより、「ちゃんと考えたほうがいいのでは？」という気持ちにさせてしまったのです。

そうならないためには、ホメオスタシスが現れる前の段階、つまりショータイムの最後に、クロージングに進む確約を取ってしまえばいいのです。私はそれを「プレクロージング」と呼んでいます。私が勝手に名付けているネーミングですが、

「これから緊迫感満点のクロージングに入っても本当に良いんですね？」

と、暗にお客さまに決断を迫っています。商談をするうえで、この作業があるかないかで、そのあとの展開が大きく違ってきます。重要な位置付けとなってくるので、しっかりチェックしておいてください。

伝え方はこんな感じです。

「ここから先は実際の契約のお話になります。どのくらいの価格になるか、またどういう購入方法なのかを具体的にお話しさせていただきます。ただし、お客さまが現時点でこの商品にまったく興味がないというのならばおっしゃってください。もしそうであれば、お互いのために良くないですし、貴重なお時間だと思うので、この場で終わらせていただこうと思います」

これまでのショータイム的なムードから一変し、あえて決断を迫る強めの口調で伝えます。お客さまが躊躇しているならば、そのあとにこう付け加えます。

「ただ、購入のタイミングが今ではなく、いつかは考えてもいいか、と少しでもお考えであれば、この先のお話も続けさせていただきたいのですが、いかがですか？」

強めの言葉のあとに、少し和らげた言葉を聞いたお客さまは、つい、

「分かりました、お願いします」

と答えてしまうはずです。その言葉を聞いた営業マンは、

「では、具体的な書類をお持ちしますね。少々お待ちください」

と一度席を立ち、あえてその場から離れます。目の前から立ち去っていく営業マンの後ろ姿を見送り一人になったお客さまの頭のなかは、きっとこんな感じです。

「今日、ここで決めることはないなと思っていたけど、『お願いします』と自分で言った以上、責任を持たないといけないいな」

お客さまを一人にするのは、自身で購入の意思を固めていただく時間をつくるためなのです。

ヒトには、一度約束したことは破りたくないという心理があります。その心理を利用し、「ＹＥＳ」を引き出し、その言葉に責任を持っていただく。プレクロージングは、そんな人間の心理を熟知したうえでのテクニックなのです。

コラム

弱点を認め、克服するすべに磨きをかける

セールスの仕事を続けるうちに、私はそれなりの成績を残せるようになったのですが、ヘタレで小心者という根本はそうそう変わるものではありません。「これは買うべきですよ！」的な強引に迫るセールスで成績を上げている営業マンがいるなかで、私はどうしてもそのようなやり方に強いストレスを感じていました。

もちろん、強気になれるメンタルがあることはすばらしいことです。しかし、当時の私は持っていませんでしたし、性分に合わないことを自覚していました。無理やりに自分を奮い立たせて、メンタルがやられてはどうしようもありません。

そこで、自分の弱点をちゃんと認めたうえで、克服するすべを模索していきました。強引なセールスをするのではなく、八方美人で小心者の自分だからこそできるテクニックを突き詰めていったのです。

「お客さまに自ら〝欲しい！〟と感じていただくにはどうすればいいのか……」

「最終的には、お客さまに感謝しながら〝買います！〟と言っていただくにはどうすれば

いいのか……」

そうやって考え、確立していったのが、本書「EMOTIONAL SALES TECHNIQUE」なのです。

「自分は性格的に営業に向かないのではないか？」と悩んできた人は、ひょっとしたら合っていないやり方に無理に自分をはめようとしていたのかもしれません。

人間の根本は、そう簡単に変わるものではありません。かくいう私も、いつまで経ってもヘタレで小心者です。以前に比べれば少なくなりましたが、今でもいろいろな場面で悩むこともあります。しかし、そのたびに克服する方法を見つけ出し、テクニックをブラッシュアップしてきたからこそ、今の私がいるのです。

自分には営業は向いていないと諦めるのではなく、自分の弱点をしっかりと見つめ、それを克服するすべを見つけてください。そこから新たな営業人生がスタートするはずです。

第5章

【クロージング編】
理屈のブレーキを振り払え！
本能に訴えかける魔法の成約術

「クロージング」とは、人生をより豊かにするために必要な商品に出会えるよう、お客さまの背中を押してあげること。

今、あなたが扱っている商品は家族や親友など、大切な人に自信を持って勧められる商品でしょうか？

もし、あなたが販売している商品が、胸を張っておすすめできないようなものであるならば、今の仕事は即刻辞めるべきです。売り手のあなた自身が疑念を持っている限り、そこに正義はなく、あなたにとって良い結果にはならないでしょう。しかし今、幸運なことに、自分自身が良いと思える商品を扱っているのなら、後ろめたさを感じる必要はありません。

あなたは、お客さまの生活をより豊かにして差し上げる正義の使者なのです。堂々と、胸を張ってお客さまの背中を押してあげてください。

クロージングとは、良き理解者として背中を押してあげること

クロージングは、成約への最大にして最終の山場です。

クロージングへとスムーズにつなぐために、これまでアポイントからアイスブレイク、ヒアリング、商品説明というフローを積み重ねてきました。営業マンからすれば、クロージングは待ちに待った瞬間なのです。

しかし、なかにはクロージングに苦手意識を持つ人も少なくありません。クロージングのつもりが相手に伝わっていなかったり、つい焦って話を強引に持っていき過ぎてしまい、せっかくの契約の機会を逃してしまったりといった声をよく耳にします。

そんな営業マンにとって、クロージングは最後に越えなくてはいけないそびえ立つ山の頂きのように思えるかもしれません。

これらの原因をひも解くと、クロージングに苦手意識を持つ営業マンに共通するのは〝断られることへの恐怖心〟です。それまで仲良く話していたお客さまに断られることで、まるで人間性までもが否定されたような気持ちになるからです。

しかし、これまでやってきたことを確実に遂行できていたなら、あとはお客さまの背中をポンと押すだけです。一つひとつのフローを確実に積み上げてきたのですから、断られるかもしれないという恐怖心を持つことはありません。映画でいえば、クライマックスを迎えた終盤に、これまで仕掛けられたことが一本の線につながり、「なるほどな」と腑に落ちるようなイメージです。これまでのプロセスにより、成約の確率は格段に高まっています。胸を張ってクロージングに向かえばいいのです。

そのうえで大切になってくるのが、営業マン自身のマインドです。

例えば、自分の家族や仲の良い友達、ずっとかわいがってきた後輩などが、ある選択肢を選べば絶対に良くなるのに、選ぼうとしない状況にあったとします。それに対し、あなたは理解してもらうまで説明し、最後には叱ってでも背中を押すはずです。自分が愛する人にハッピーになってもらうため、その人物の良き理解者としてどんな手段を使ってでも選ばせなければいけないのです。そんなマインドを持って行うのが、私の考えるクロージングです。

その大前提として、自分が本当に良いと思う商品やサービスでなければ、愛する人たちにおすすめできません。心底良いと思わないものを勧めるなんて、あり得ないのですから。精神論と思われるかもしれませんが、そんな誇りや自信を持てなければ、営業マンは目の前のお客さまの良き理解者として、背中を押すことはできません。

「私は、自分の仕事に誇りを持ち、販売する商品に心から自信を持っている！ だからこそ目の前のお客さまがハッピーになれるように背中を押しているのだ！」

このように自身のマインドを確認することで、クロージングへの苦手意識や恐怖心は必ずやなくなるのです。

なぜあなたに合っているのかを伝える

例えば、4人家族で2児のパパというお客さまに、時速300㎞を出せるモンスターエンジンを搭載した2ドアのスポーツクーペを提案するとします。しかし、その高性能ぶりを一生懸命説明したとしてもご購入いただくことは困難でしょう。

高い買い物であればあるほど、お客さまは買う直前に「本当に買う意味があるのか？」「費用対効果は？」「使用頻度は？」「実需の有無は？」「損か得か？」などと、自問自答を始めるのです。

会社経営をしていて、経済的に少しは余裕がある。若い頃からスポーツカーに憧れを持っていて、今でも良いなぁと思っている。しかし、実際には仕事で使ったり家族で乗ったりすることを考えると、現在乗っているワンボックスカーが最も便利……。

お客さまがこのような状況である場合、欲しいとは思っていても、いざ買うか否かの判断を迫られると、現実の生活を想像してしまい、必ずブレーキをかけてしまうものです。

こんなお客さまに対して、たたみかけるように商品の良さを熱弁してしまうと、現実との乖離をさらに感じさせてしまい、完全な逆効果となってしまいます。

商品の良さを押し付けるのではなく、次のような言葉で背中を押してあげてください。


「お仕事の忙しさ、ご家族との時間、ご利用になる頻度など、実際のことを考えるとお迷いになるお気持ち、お察しいたします。ただ、差し出がましいようでたいへん恐縮なのですが、私はどうしても○○様だからこそ、このお車が合っていると感じてしまうのです。日本で生活するうえで、荷物や人の移動手段として、このようなスポーツカーは実利だけで考えれば、誰にとっても不要です。ですが、世の中には損か得かでは測れない、無用なところにこそ、心の豊かさを見いだせることがきっとあると考えております。○○様は損得を追求せざるを得ないような状況におられる方ではございませんし、私などからすれば羨ましいことに、〝無用〟を楽しむ経済的余裕がおありの方であるとお見受けいたします。

しかしながら、たいへん僭越なのですが、○○様とのお話のなかから、ご自分一人だけの時間を確保することについてはお困りのご様子と感じました。

社員の皆さんに頼られる経営者の顔、優しいパパの顔など、自分以外の方々と共有する時間から、完全に解放されることは難しいかと存じます。そのなかでもわずかな〝一人だけの特別な時間〟で誰に気を使うことなく、ワガママな走りを存分に楽しみたい。そんなお気持ちにお応えする性能を十分備えたのが、まさにこの車でございます。

お若い頃からこのような車に興味がおありだった○○様だからこそ、本当は〝走る〟ことがお好きな○○様だからこそ、どうしてもこちらの車が合っているように感じてしまうのです。

もちろん、何が〝一人だけの特別な時間〟となるかは人それぞれかと存じますが、こちらのハンドルを握るその時間を○○様の〝特別〟にしていただけるとすれば、担当としてこの上ない光栄なことでございます。一度きりの人生です。一つ所有されてもよろしいのではないでしょうか。ぜひ、迎えてあげてください」

※右記は、読みやすいようにノンストップで書きましたが、実際の会話はキャッチボールです。一方的なマシンガントークにならないようご注意ください。

迷っているような局面で欲しいと思う情報は、商品のすばらしさではありません。その商品が自分に本当に必要なのか否か、本当に自分に合っているのか否かなのです。そのことが確認できるようなあなたの言葉が、お客さまに決断する勇気と自信を持っていただくことにつながるのです。

NOをもらってからがスタートと心得よう

世の中に10割バッターなんて存在しません。誰もが知る伝説のバッター、イチロー選手の最盛期でさえ、記録は打率3割8分7厘でした。そう考えれば、どんな優れた選手でも4割は夢のまた夢の数字なのです。

それは営業でも同じです。どんなにすごい営業マンでも、どんなに完璧なアイスブレイクやヒアリング、リンキングをしても、実際には過半数が負け戦なのです。つまり、NOと言われるほうが圧倒的に多いのです。

ただ、NOと言われてすぐに、「では、また何かあれば……」と愛想笑いを浮かべて見送っていては、成約率は上がりません。「また何か」あるわけがないのです。

トップに君臨し続ける営業マンの本当のすごさは、ＮＯを頂くことが少ないということよりも、ＮＯをＹＥＳにひっくり返す能力の高さにあると考えています。ＮＯをＹＥＳにひっくり返す件数を増やしていくことが、トップセールスへの道なのです。

実は、このＮＯをＹＥＳにひっくり返すことは、コツをつかめば簡単な単純作業の繰り返しであると私は考えています。お決まりの文句と流れがあり、それをひたすら繰り返すだけなのです。

ポイントは３つ。

①　理由を聞き、一度は共感する
②　買うかどうかではなく、商品は良かったのか否かを聞く
③　「良いとは思った」との回答が得られたら、再度〝なぜあなたに合っているか〟を話し、後述するお決まりのせりふとともに再度クロージングを迫る

では、それぞれのポイントを踏まえたトーク例を紹介します。

①**営業マン**「承知いたしました。正直、○○様には合っているなと感じておりましたので残念ですが……。今後の糧とさせていただきたいので、ぜひ最後に、今回ご辞退しようとお考えになった理由だけご教示いただけませんか？」

お客さま「理由は……」

②**営業マン**「なるほど。今の○○様のご状況を考えるとお察しいたします。ちなみに本日ご案内した内容自体はいいなと感じていただけたでしょうか？」

お客さま「そりゃいいとは思っているけど、実際使えるかどうかを考えるとねぇ」

③**営業マン**「ありがとうございます！ いいなとは感じていただけたとのことで本当にうれしいです。お話をうかがうなかで、○○様には絶対に合っていると思っていたので、正直ご縁をつなげたい気持ちが本音としてはあります（微笑）」

これはあくまでこちらの意識なのですが、「良いなぁとは思う」などの言葉を頂けたら、すぐさま「じゃあ、一緒に考えましょう！」という立ち位置にポジションチェンジしてください。

●相対する売り手側の人間（対面する人間）
←「良いなぁとは思う」という一言を聞いたら、立ち位置を変える
●買う方法を一緒に考える同志（横並びで、ともに同じ方向を見ている人間）

このような流れで、徐々に距離を詰めていき、いかにお客さまに合っているかをトークしながら、再度クロージングをしていくのです。

ちなみに、NOを頂いてから、再度クロージングにトライする際、私が必ず言っていたお決まりのせりふがあります。

「なんてすてきな人だろうとか、このような方とご縁がつながり、担当させていただけたら光栄だなぁとか、片思いのように思っていても、『またいつか……』とお別れした方と後日ご縁がつながることは、悲しいことにほとんどありません」

「所詮は営業マン……。今のご縁は、今おつなぎいただけなければ、すぐに忘れられる存在でございます（笑）。だからこそ、これ以上はしつこいとお叱りを受けてしまうかもしれないのですが、勇気を出してお伝えさせていただきます。まったくご興味のない方や、当方としてもふさわしくないと感じた方へは、いっさいおすすめすることはありません。

しかし、○○様はぜひともお迎えしたい方だと考えております」

決断すべきときは、独りぼっちにしていく

これは、ご夫婦やご家族といった、相手が複数で来店されるケースで抜群に有効なテクニックです。

例えば、高級マンションのショールームに、妻、娘を伴い、ご家族で来られたお客さま。会話のなかで、支払者、最終決裁者ともにご主人であることが明らかであるとします。このような場合、商品説明では決裁者であるご主人ではなく、妻と娘をメインターゲットにして話すのがポイントです。

「お嬢さまのお部屋になるとしたらこちらの部屋でしょうか？　お嬢さまなら、どのような配置になさいますか？　このあたりにポスターや絵を飾ったり……、壁紙をパステルカラーにしたらかわいい部屋になりそうですね！」

娘に対して、まるでもう買ったあとのような投げ掛けをし、会話をしながら販売する物件の説明をしていきます。

　このとき、決裁者ではない娘はなんの責任も負っていないため、素直なリアクションを取ってくれます。営業マンが感じ良く、笑いも交えながらリンキングすることができていたならば、角が立たないよう、良い人であろうとする日本人の習性も加わって、高確率で肯定的な回答を引き出せる。そのやりとりを決裁者に見せつけるのです。

　そして、クロージングの際、膠着状態になってきたタイミングで、奥さまとお嬢さまに向かい、

「いかがでしょう？　奥さまは良いなと思ってはいただけましたか？」

と聞く。家族全員に向けてではなく、必ず個別で聞くようにします。商品を良いと言った人と、検討中の人を仕分けます。

　なぜならば、〝買う or 買わない〟は答えられないが、〝良い or 良くない〟は簡単に言えてしまうのが非決裁者なのですから。

〝良い〟と答えた奥さまとお嬢さま、営業マンで結成した《チーム〝良い〟》VS《決裁者》であるご主人という「複数VS一人」という構図をつくり上げます。そして、ご主人に向けこんな決めぜりふを言い放つのです。

「奥さまとお嬢さまは、〇〇が〇〇だから〝良い〟とおっしゃっています……。あとはご

主人さまの判断次第でございます……」

日本人は、目の前の相手に嫌われないよう無難な回答をしようとするクセがあります。また、一人で責任を背負うということを嫌います。

「決断するときは、一人ぼっちにする」のは、こんな日本人の心理を最大限に利用したテクニックなのです。最大の味方を引きはがされ、一人で判断を迫られる重圧がいかばかりのものであるか、想像できます。

ここに至るまで、優しい夫、頼りになるパパ、家族思いの父と、散々レッテルを貼られた彼が、この状況でＮＯと答えるのは非常に困難なのです。

○州力も、思わず言ってしまうアレ

これは、私が多用していた抜群に使えるテクニックなので、特筆しておきましょう。場合によっては、相手を怒らせてしまう可能性のある言いづらいことは、必ず先回りして「お叱り覚悟で申し上げます」と、言ってしまうのです。

不思議なことに、「お叱り覚悟で……」と先に言われると叱れなくなるのです。「キレてますか？」と聞かれたら「キレてないですよ」と言ってしまうアレです。

この手順を踏めば、怒られることなく食い下がることが可能となります。あなたも安心して粘ってみてください。

怒らせて泣かせるくらいがちょうど良い

ヒトは感情の揺れが大きければ大きいほど大胆な決断をする傾向があります。お買い物の対象が高額であるほどに、感情の勢いが必要になります。

もちろん、毎度毎度、すべてのお客さまを怒らせて泣かせろというわけではないのですが、トップセールスになるには、買う予定のなかった方に衝動買いをさせてしまうようなスキルが必要です。

衝動買いとは、まさに勢いと思い切り。背中を押すためには、感情があらわになるほどに揺さぶるくらいがちょうど良いのです。

私の場合、特にクロージングでは、時としてお客さまが怒ったり泣いたりするレベルの体当たりを心掛けていました。ただし、怒らせるといってもただただ自尊心を傷つけたり、失礼なことを言って怒らせるという意味ではありません。
私が実際にお客さまを怒らせ、泣かせたクロージングの例を紹介します。

【商材】

海外リゾートコンドミニアムの会員権

【立ち寄った動機】

先日、奥さまが友人とアウトレットに行った際、イベントスペースで「説明会に参加すれば、都内ホテルで利用できる食事券をもらえる」との案内を受け、夫婦で銀座にショッピングがてら訪れてみた。

【ヒアリングで得た重要な情報】

- 60代ご夫婦
- ご主人は中小企業経営
- おおむね経営は順調の様子
- 息子さんがあとを継ぐべく専務として実務を行っているが、ご主人としてはまだまだ任せられないとのこと

●ご主人は仕事ばかりで、夫婦では海外はもちろん遠方に旅行したことが一度もないとのこと。そろそろ仕事はほどほどにしてゆっくりすればいいのに！と奥さまは考えている。

主人「良いものだとは思うけど、なかなか行く暇がないなぁ」

奥さま「……」

私「奥さま、ご主人さまとは長らくご旅行に行かれてないとのことでしたが、やはりご主人さまとお二人で行きたい思いがおありなのですよね？」

奥さま「そうねぇ。本当にこの人は仕事ばかりなのよ」

私「ご主人さま、たいへん僭越ながら、お叱り覚悟で申し上げます。このままでよろしいのでしょうか？」（私 少し声を荒げて）

主人「何が？」（奥さま 驚いた様子）

私「おそらく、会社のことも放っておけないというのは社長のお心持ちの問題であって、もうご子息や信頼できる従業員の皆さまにお任せになっても会社は回っていくのではないでしょうか？」（奥さまがウンウンとうなずいたのを横目で確認）

私「従業員の皆さまがいらっしゃって、お取引先さまがいて、会社が今のようになるまでは大変だったと存じます。お若い頃のご苦労は私のような者では計り知れないものがあったと思います。まさに激動の時代を乗り越えてこられたのでしょうね。まさに身を粉にして頑張ってこられた。社長！　振り返ってみて奥さまとの思い出はなんですか？　思い出のなかの奥さまは、常に家の中か、職場じゃないでしょうか？　奥さまとの思い出に、そのほかの風景はあるのでしょうか？」

主人　「何をそんなに……。あんた何様なの？」

私　「たいへん申し訳ございませんでした……。つい父と母に重ねてしまい感情的になってしまいました。社長、大勢の従業員の皆さまとともに、今や実務を担うほどにご子息をご立派に育て上げ、会社も順調に回っている。そういう意味で、人生の大仕事は一段落したのではないでしょうか。もう任せてもよろしいのではないでしょうか。そろそろ奥さまとの思い出をつくっていく人生を始めてもいいんじゃないでしょうか。奥さま！　ご主人さまとお二人で、どんどんお出掛けして、思い出をつくりたいですよね？」

奥さま　「……」（ハンカチで目をぬぐいながら無言で深くうなずく）

主人　「……」（眉間にしわをよせ無言で目を閉じ、腕組みをしている）

私「息子の気持ちで言わせていただくと、お父さんとお母さん、仲良く旅行などにどんどん出掛けて、いつまでも笑っていてほしいものです！」
主人「……」
私「……」（沈黙の我慢比べ）
主人「チッ、どれ買えばいいの？」

右記のケースでは、ご主人が「いつ行けるんだよ」や「使えねぇよ」など、こちらが説明をするたびにネガティブな発言を繰り返しており、このままでは確実に終わりの流れと察知。どうせ終わるなら怒るくらい揺さぶってみようと考え、仕掛けたら見事にハマったパターンでした。

【商材】
タワーマンション分譲（竣工後販売）

【立ち寄った動機】
本人いわく、冷やかし。近くでなんだか大きな建物が建ちそうだから、気になって散歩がてらのぞきに来た。

【ヒアリングで得た重要な情報】

● 50代後半男性客　・一人で来店　・ご子息が2人。大学生と高校生

● なんらかの会社を経営　・現在は親から受け継いだ戸建てにお住まい

【クロージングまでの経緯】

マンション販売の流れは通常、

予約が入る　↓　来店後個人情報を含むアンケートに記入　↓　着座してのカウンセリング　↓　立地やコンセプトの説明　↓　実物見学　↓　店舗で金額をご案内　↓　次回のアポ取り

と2、3時間ほどを要するが、このA様は店前に掲げられた看板の概要を立ち止まって見ていたので、たまたまそれに気づいた私がお声掛けしたところからのスタート。

服装や立ち姿から私の嗅覚が反応し、〝この方は買える人〟だと直感。あえて追い掛けないスタイルで接してみる。

私　「こんにちは！　お考えでいらっしゃいますか？」

A様「いやいや、なんか建ってるなぁと思ってのぞいただけだよ」
私「見ていただくだけで大歓迎でございます。よろしければ中で見てみませんか？」
A様「いやいや、そこまではいいよ」
私「当方では根掘り葉掘りうかがおうとしたり、しつこく追い掛けたりするような煩わしい営業活動はいっさい行いません。こちらのマンションをお求めになる方はお忙しい方ばかりです。お客さまがお求めになる情報だけお伝えして、当方はお客さまからのご連絡をお待ちするのみです（笑）」
A様「……」
私「弊社でも力を入れた自慢のマンションです。見ていただけるだけでもうれしいです。ご覧になりませんか？」
A様「そういう感じなら見てみようかなぁ」

このような流れから急遽見学することに。現地に向かう間に楽しく雑談をしながら相手のDBMを探り出していきます。お話をうかがうと、最近ほかのマンションを見学したら営業がしつこく、気分を害したとのこと。しかし、こちらの対応を見て、好感を持っていただいたご様子。

私　「こちらがメインエントランスです。通りからでも目を引く、高級ホテルのようなエントランスになっているかと存じます。当社では外観、特にエントランスに注力してつくり込んでいます。例えば、タクシーに乗った際にマンション名を告げるだけで連れていってもらえるような、ランドマークになるようなマンションです。オーナーさまには、このエントランスをくぐる優越感に浸っていただきたいのです。将来、息子さんが彼女を連れて遊びに来たら、彼女さんは緊張してしまうかもしれませんね！　まあ、お父さまがA様のようなお人柄の方でしたらすぐに緊張もほぐれそうですけどね（笑）」

短時間ながら、他意のない雑談と見せかけて、しっかりとアイスブレイク&ヒアリングを行っています。そして、情報が手に入ったら、即座にリンキングするというせっかちなケースですが、さっそくまだ空きのある28階のお部屋にご案内します。

私「こちらの扉を開ければリビングでして、南側に都心のビル群を望む最高のロケーションになっております。ぜひ、ご自身で確認してみてください」

A様「これはすごいねぇ！」

私「非日常が日常になる贅沢なお部屋だと思います。よろしければ、バルコニーへ出てみてください。少し風が強いのですが……」

A様「すごいな……」

私「……（ちょっとの間を取ってから）。これまで、たくさんしてきた努力やご苦労、たくさんの思い出を噛み締めながら見るこちらからの景色は、ひとしおではないでしょうか」

A様「ちょっと！　どうして君のような年齢でそんな言葉が出てくるかなぁ（笑）。やめてよぉ！　近頃、訳もなく目頭が熱くなるんだからさぁ……。ホント、参ったなぁ。会ってまだ間もないのに、君は私のことなんでも知っているみたいだなぁ」

このようなやりとりをしながら、現地の見学をしていただき、この日はあえて潔く現地のエントランスにて早々に解散。持ち帰りの資料すら渡さず、価格のご案内などもせずお見送りをするという、かなりイレギュラーなパターンで、小一時間ほどの非常に短いご案内でした。

直感で手応えを感じた私は、遠ざかるお客さまの背中を見ながら成約を確信。

その3日後、

「値段が合えば、28階の部屋を買いたいのだけど、森下さんはいますか?」

との電話がかかってきました。あとはトントン拍子で契約に至りました。

重要なのは攻め時に、きちんと攻め切ること。セオリーどおりの順番での接客が目的ではありません。成約することが目的です。そのためには、情報が得られてDBMを見つけたら、時には早めに攻める柔軟さも必要です。

お買い物は、想像以上にドラマティックでエモーショナルなものですから……。

沈黙はチャンス

まさに表題のとおりで、特に説明をさせていただくことでもないとも考えましたが、

「沈黙が気まずい」といった声をあまりに多く耳にするので、私流の沈黙の使い方を説明させていただきます。

そもそも沈黙するとは、どんな意味があるのか。例えば、高級寿司店で繊細な仕事がなされた江戸前寿司を頂くときを想像してみてください。目を閉じて全力で味わいたい……。そんなときに横からベラベラと話し掛けられたらどうでしょう。または開けるのを楽しみにしていたワインの繊細な香りを集中して感じたいときに、横から質問されたらどうでしょう。気が散って台無しになりますよね。

そう、相手が深く沈黙しているのは、真剣に考えていることの表れなのです。

こんな場面を想像してみてください。

お客さまがクロージングでこちらが示した価格をジッと見て、机を指で叩きながら考え込んでいます。そんな場面を目にした営業マンは、いつまた「ＮＯ」と言われるかと戦々恐々としています。

「そんなに高いものを勧めているつもりはないし……。何か気に障るようなことを言ったかな？」

こんなネガティブな言葉が頭に浮かんだとしたら、その考えはすぐに捨ててください。それは成果の上がらない営業マン特有の考え方です。

お客さまが黙り込んだ瞬間、まるで相手を困らせているような気持ちになり、自分が悪者にでもなったかのような気になってしまう。そんな後ろめたい気持ちから、ちょっとでも相手の気分を紛らわせる情報を伝えなければと焦ってしまう営業マンは多いものです。

では、なぜそのような気持ちになるのか。それは、心のどこかで〝お客さまをだましている〟と思っているからです。その気持ちのもとをたどっていけば、自分の仕事や商品に心の底から自信や誇りが持てていないからにほかなりません。

先にもお伝えしたとおり、自分がその仕事や商品を本当に良いと思っているから、お客さまにおすすめしているのです。自信や誇りを持てないのであれば、おすすめしてはいけないし、その仕事を即刻辞めるべきだと私は思います。

自分が本当に良いと思っている商品やサービスなのか。自分の胸に手を当てて、もう一度考えてみてください。ただ、沈黙がどうしても苦手という気持ちは理解できます。例えば、そこまで親しくない知り合いとの会話でちょっとした沈黙が訪れただけで、「自分の話は面白くないのではないか？　もっとほかの話題を見つけないと……」と焦ってしまい、どうでもいい言葉で沈黙を埋めてしまう。でもそれが逆に、「面白くないヤツ」と思われる原因になってしまうこともあります。

沈黙に耐えられない営業マンは、これと同じことをお客さまに対して行っています。沈黙を埋めるように、言わなくてもいい言葉でその場を取り繕っているのです。

「今だったら、これくらいのディスカウントがありますよ」

「ご成約いただけたら、今だけ◯◯をプレゼントします」

まさに〝余計な情報〟で埋めています。別に相手は欲しいわけではないのに、得する情報を不用意にばらまいているのです。ちなみに、ディスカウントや特典は、最終的には自分の報酬から天引きされるケースがほとんど。つまり沈黙を埋めるための余計な言葉たちが、自分の成果を下げる原因をつくっているのです。では、沈黙の正体とはなんなのか。クロージングの際に訪れがちなお客さまの沈黙が意味することはなんなのか。

答えは、最終的な判断を下すための時間です。決してネガティブなものではありません。アポイントからヒアリング、商品説明と、ここまで一つひとつ積み上げてきたからこそ、最終段階のクロージングまでやってこられました。途中、いろいろな壁に阻まれながらも、相手のことを第一に考えた提案を続けてきたことで、「ＹＥＳ」を頂いてきたのです。ここまでの積み重ねは、決して間違っていません。

ただ、「そんなあなただから……」「この商品があれば、これまでと生活が変わります」といった言葉をずっと浴びせられていたら、お客さまは冷静に考えられず、ゆっくり自分のなかで決断をすることができません。お腹が空いているからといって、ずっと食べ続けていたら、なかなか身体は消化できないのと同じです。しっかり噛み砕いて、消化する時間がなければいけません。

そういう意味で、クロージングのときに訪れる沈黙は、最終的な決断を下すために、頭のなかを整理する時間なのです。いい換えれば、最終的な判断は沈黙のあとに訪れるのです。

つまり、営業マンは沈黙から逃れるのではなく、あえてこちらから沈黙をつくるくらいの意識で臨むべきです。「沈黙は恐れるものではなく、チャンス」です。

沈黙は、成約目前のサインであり、喜びこそすれ、恐怖を感じるようなことではありません。30秒から1分沈黙し、またＤＢＭを押す。それを淡々と繰り返すだけでゴールなのです。無駄な恐怖心は今すぐ捨てましょう。

コラム 感謝の心は自分に戻ってくる……

営業活動は自分一人ではできません。必ず、縁の下で支えてくれているたくさんの方々がいるのです。商品を企画する人、作る人、宣伝する人、契約事務……。営業所が入るビルの管理スタッフや清掃員、警備員……。たくさんの方の支えがあって、お仕事をさせていただいているという感謝を忘れてはならないですし、そのことがあなたの助けとなるときが来ます。自分の能力のみでトップを走り続けるのは大変です。たくさんの方に支えられていることを自覚し、受け入れ、感謝できるようになれば、たくさんの他力が自分の力になることを感じられるようになります。

私は、同僚はもちろん他部署の方、果てはビルの清掃員さんや警備員さんとも元気の良い挨拶を交わし、感謝の言葉を忘れないように心掛けています。例えば、以前勤めていた会社が入る大きなビルの駐車場で、誘導してくれる警備員のおじさんに対し、「いつもありがとうございます。今日の暑さヤバいっすね！　熱中症に気を付けてくださいよ」などと声を掛けるうちに、お互い名前で呼ぶ仲になりました。すると、私が担当するお客さまが出庫する際、「森下さんのお客さんだから」と、これ以上ないくらい丁寧に誘導。一緒になって「ありがとうございました！」と、お客さまを見送ってくれるのです。

普段、よく行くガソリンスタンドで洗車をしてもらった際にも、

「すごく丁寧に、気持ちを入れて洗車してくれたんですね！　ありがとう！」

と若いスタッフに言うと、

「はい！　森下さん、いつもありがとうございます！」

と、どうやら名前を覚えてくれていたようで、うれしそうにスクラッチくじも引いていないのにティッシュ4箱を走って持ってきてくれました。一生懸命やっている相手に対し、どんな言葉を掛けたらよいのか。それを言われたらどんな気持ちになるのかを考えることは、相手の心を読み取る訓練にもなります。なにより、愛想よく話すことや、「ありがとう」という言葉は、減るものではありません。皆が気持ち良くなるのだから、どんどん言うべきです。

感謝の気持ちを伝えるために、その人に思いを巡らす。そうすることで相手を気遣う力が養われ、営業力の土台が出来上がる。これ以上の良いことずくめはありません。

最終章

結果を求められているすべてのヒトへ

本書の最終章として、私が伝えたいこと。

それは、トップセールスに、本当に誰でもなれるということです。バッグ、洋服、健康器具、リゾート会員権、マンション……。私は、会社が変わっても商品が変わっても、必ずトップの成績を獲ってきました。

現役の営業マンだった頃、「アイツはそこら辺の石でも売ってくる」と噂されていたほどです。これには、「そこら辺の石なんか売れるわけないだろ、バカヤロウ」と心のなかでつぶやきながらも、まんざらでもない気分だったことを覚えています。とにかく、そんな私が常にトップを獲ってきたその思考法を最後に皆さんにお伝えします。

図表6は、昔、転職したばかりの私がその会社でトップセールスになるべく、やるべきことを整理するために書き出したマインドマップの一部です。

到達したいゴールを決めたら、これを叶えるために必要なタスクを明確にし、書き出します。そして次に、そのタスクを遂行するために必要なタスクを書き出し、さらにそれを遂行するためのタスクを……という具合に、やるべきことを細分化し枝を広げていくのです。

図表6　マインドマップ

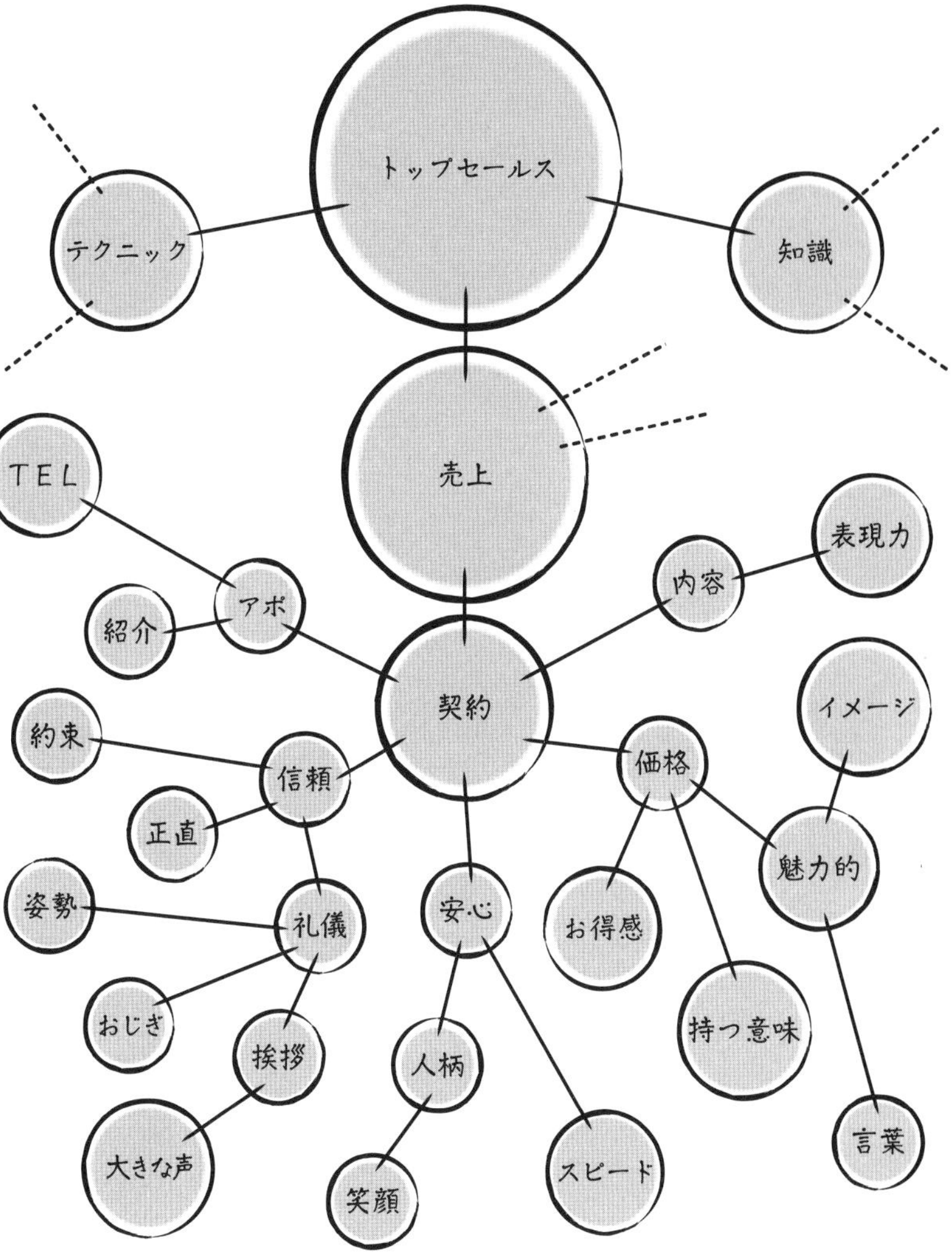
トップセールス
テクニック
知識
売上
TEL
アポ
紹介
内容
表現力
契約
イメージ
約束
信頼
価格
正直
魅力的
姿勢
礼儀
安心
お得感
おじぎ
挨拶
持つ意味
人柄
大きな声
笑顔
スピード
言葉

〝誰にでもできること〟を〝誰にもできない〟くらいやる

図表6のとおり、広げた枝の先を見ると〝笑顔〟〝大きな声〟など単純なワードが並んでいます。入社して間もない新人に、「今日、トップセールスになれ！」と言ってもなれるわけがありませんが、「今日一日、社内で誰よりも大きな声で挨拶する！」ということならば、やる気があれば誰でもできるはずです。トップセールスになるために、目的を細分化していき、誰でもすぐにできるような簡単なレベルまで落とし込み、それを愚直にやり続ければいいのです。

私は特別な資格や能力、知識があるわけではありません。転職したときは当然、ただの新人です。誰よりも早く出社し、準備して、情報を管理しやすいよう誰よりも身の回りを整理整頓する。誰よりも大きな声で挨拶をし、誰よりも満面の笑みを浮かべる。誰よりも深くおじぎをして、誰よりも丁寧にお見送りをする。誰よりも早く電話に出て、誰よりもメールを早く返すように心掛ける。このように、当たり前の、誰にでもできそうなことを誰よりもやろうと心掛けて取り組んでいるうちに、気が付けば勝手にトップセールスになっているものなのです。

日々実行できるレベルのタスクにまで細分化したなら、あとはやるだけなのです。

『逆算と細分化』を習慣化しよう

何事も逆算して考える習慣が備われば、一つの会社のトップセールスになるだけにとどまらず、無限の可能性があると私は信じています。

少しだけ私の話をします。実は私、極度の飽き性という欠点があり、会社でトップセールスになれても、少し経つと物足りなさを感じ、いても立ってもいられなくなるのです。結局、それが我慢できなくなり、不安になる家族の反対を押し切って、すぐに転職してしまうのです。

このようなことを繰り返していては、いつまで経っても安定しないと分かっているのですが、どんな会社に入っても、常に物足りない何かを感じていたのです。そして30歳になった頃、なぜ自分は物足りなさを感じてしまうのか、自分自身を見つめ直し、人生について真剣に考えてみました。

結果、どうやら私は、ゴールに向かって頑張っている、そのアオハル（青春）感が大好きなことが見えてきました。そして、トップセールスというゴールにたどり着いてしまうと、もうその青春ゲームは終わりとなり、次の新しいゲームを求めてしまうのです。

そこで、私は家族を不安にさせてまで転職を続けてしまうという欠点を克服すべく、達成するのに何年もかかるような突拍子もない、大きなゴールをつくろうと考えたのです。達成する目標が高ければ、簡単にはゴールにたどり着かず、物足りなさを感じることもありませんから。

図表7は今後の人生について迷っていた30歳の頃に、なんとなく書いた人生設計プランです。

まずは、目標設定をするに当たり、突拍子もないことってなんだろうと、ぼーっと考えていました。

人生、あと50年。毎年1000万円の生活で5億かぁ……。そうだ、5億欲しいなぁ。そうすれば、早期リタイアで余生を遊んで暮らせるし。でも、遊んで暮らすにも一定の体力がいるなぁ……。早期リタイアするなら何歳だろう？　50歳かな……？　そんなことを

図表7　著者の人生シナリオ

- **30歳**　今年中に不動産会社へ転職
- ▶ **35歳**　不動産で独立
- ▶ **40歳**　・革新的サービスの開発　・上場のため新会社設立　・自己資金5億円
- ▶ **45歳**　マザーズ上場
- ▶ **50歳**　50億円をゲットする

何日か考えていたのを覚えています。

そうして当初、目標設定は「50歳で5億円の貯金」という設定にしていたのですが、何日か経って、身体が熱くなるようなモチベーションがまったく込み上げてきていないことに気が付きました。

〝50歳で5億持っている人〟だと、私の知り合いに一人くらいはいそうなレベルだなぁ……。だったら、「これ、突拍子もあるじゃん……」と感じたのです（笑）。

そこで、単純に10倍してみたものを、色紙に筆ペンで書いてみました。

「50歳で50億円ゲット」

私のなかで〝ビビビッ！〟ときたので、これでいくことにしたのです。

ゴールが決まればあとは逆算です。

もちろん、当時の私には20年後に50億円を得るためのアテなどあるわけもなく、見当すら付きません。当然、対価を得るためには何かを売らなければならない。「何を売れば50億円もらえるのか……」と考えた結果、私が導き出した答えが〝会社を売ること〟でした。50億円以上で買ってもらえる価値のある会社を創ろうと決めたのです。

さらに具体的に考えていくと、そもそものような会社を創ることにも資金がいる。そのためには、資金をつくるための会社が必要である……。では、なんの会社をやっていくのか？　学歴もなく、特別な知識もない。ＩＴなどにも疎く、資格も持たない私はどうすれば……。今から必死に勉強して、司法試験を受ける時間などありません。平均年収が比較的高くて、未経験でも人材募集している業界は何か？　そう考えるなかで、当時の私が思い付いたのが、不動産でした。

完全に未経験の私が不動産の会社を経営するためには、まず不動産の勉強をしなくてはなりません。経験こそ最強の勉強法と考えている私は、不動産業界での経験を積むため、人生最後の転職をすることにしたのです。

いうまでもなく、入社した不動産会社でトップセールスとなり、その業界の全体像をだいたいつかむことができました。そこで、宅地建物取引士の資格を取って独立し、今に至るというわけです。

ちなみに、昨年（令和元年）、37歳になった私が経営する会社は、現在まだ社員3人の小さな会社ですが、売上は21億円でした。「50歳で50億円ゲット」という目標に対し、まずまず順調に向かっているのではないかと思います。

皆さんもぜひ、自身の限界を決めてしまわず、あなたが思い付いた目標の10倍のゴールを設定してみてください（笑）。逆算と細分化をし、やるべきことを明確にすれば、あとはやるだけです。

おわりに

よく頂くご質問のなかに「どうやってモチベーションを高めているのですか？」というものがあります。交渉に関してのテクニックや不動産投資についてのご質問であれば、プロとしてお役に立てる自負があります。しかし、そもそもの〝やる気〟の出し方を問われると、たいへん申し訳ないのですが、そこの調整はご自身でお願いしたいとお答えしています。

私が行うセミナー等では、己をどう奮い立たせるか……というような〝自己啓発〟ではなく、己をいかに成長させていくかという〝自己研鑽〟についてのお話をしています。

そもそも私が関わっている方々との会話では、モチベーションがどうのこうのといった話題が出てくることはまったくないのです。そんなものはあって当然で、〝自己啓発〟なるものの必要性を私はまったく感じていません。私の周りの人たちは、自己を研鑽するような刺激的な情報にしか興味がないのですから。そういう意味でいえば、やる気の出し方に悩んでいるステージの方に対して、私がお役に立てることはいっさいないと考えています。

しかしながら、このたび、本書を出版させていただく、せっかくの機会です。読者の皆さまの参考になるかは不明ですが、私自身のモチベーションの基礎となっている部分に触れ、本書の締めくくりとさせていただきます。

私が経営する主たる会社は「ツインズ・アセット・マネジメント株式会社」といいます。「アセット・マネジメント」が、資産管理を意味することは読んで字の如くなのですが、名刺交換の際、高確率で「ツインズ」の意味を質問されます。

これは文字どおり、「双子」という意味です。双子の兄弟と一緒に会社を経営しているように思われがちなのですが、そうではありません。では、なぜこのような会社名にしたのか。このことが私のモチベーションの基礎、またはアイデンティティを形成する要素に深く関係しています。

本書でも触れましたが、私は、双子の兄として生まれました。幼少期に、少々の学習障害があった私は、何をするにしても成長が遅れ気味でした。それに対し、弟は幼少の頃から、すべてにおいて出来が良く、常に圧倒的な差をつけて私の遠く先を走っていました。

彼は、小学校では短距離走・長距離走・水泳のタイムがどれも学年で3本の指に入り、学業では不動の学年トップ。おまけに生徒会長で、バレンタインになるとわが家のインターホンが何度も鳴るような人気者でした。いつもは「どっちのほう？」と聞く母親も女の子が訪ねて来たときには、もはや確認せず弟を呼ぶ始末。弟は毎年、チョコレートを多数獲得していましたが、私は6年間でゼロという屈辱。カカオ強めのほろ苦い思い出です。

のちに弟は、当時西日本一の偏差値を誇る私立の中高一貫校へ進学し、一族の期待どおりに東京大学に合格を果たします。親戚からかかってきた電話を取ると、声が似ているせいか決まって「〇〇君（弟）か？」と、〝東大に受かったほうか否か〟の確認をされていました。相手に悪気がないことは分かっているのですが、結果として常に出来の良い弟と比較され、いつも〝じゃないほう〟としての道を歩んできました。私に、自然と劣等感が植え付けられたのはいうまでもありません。

しかし、周囲からの称賛の裏で積み上げてきた弟の大変な努力を見てきた私にとって、弟は尊敬の対象であり、憧れの対象であり、自慢の弟でもありました。弟の存在により強いコンプレックスを抱いていた私ですが、憎悪の対象は弟ではなく、すぐに優劣を付けてくる周囲に向いていました。

勉強でもスポーツでも絶対に勝てない存在が常に横にいる……。そして、人格の基礎が形成される少年期のビタースイートメモリーが影響し、〝モテたい願望〟をより強く持っていた私が、自己表現の方法としてたどり着いたのがファッションで、アパレルを職業に選んだのは、当然の流れでした。

そのようにして初めて販売の仕事に就いた私が知ったのが、売れたときの高揚感と周囲に認められる快感でした。元来、自分が楽しいと思えたことには、しばしば周囲を驚かせるほどの集中力を発揮することがあった私は、〝モノを売る〟という行為にのめり込んでいったのです。お客さまからのありがとうの声と同僚や上司からの称賛によって、そこは「私の輝ける場所」になっていったのです。

「いつもきれいごとを並べ立てているのに、結局はものさしで測られ、優劣を付けられてしまうこの世の中を、誰よりも稼いで見返してやりたい！」という気持ちを、初めて実行に移していく勇気と自信が持てるようになり、生まれ変わったのです。

育ち、ルックス、貧富、学歴……。人には必ずコンプレックスがあります。

「成功しているあの人に、コンプレックスなんてないでしょ?」

そう見えたとしても、本人からすれば、人には言わない、または言えないコンプレックスが必ずあるものです。成功している人ほど強いコンプレックスを持っているといってもいいかもしれません。成功している多くの方のモチベーションや原動力の源泉を探っていくと、必ずといっていいほどなんらかのコンプレックスにたどり着くと私は考えています。

つまり、成功している人とそうでない人の違いは、コンプレックスとの向き合い方にあるのです。

「アイツを見返したい!」「今に見ていろ!」「モテたい!」「稼ぎたい!」「うまいものをたらふく食べたい!」……。どんなに醜く泥くさくてもいい。負の感情は時として大きなパワーを生み出しますが、それもあなたを形成する大切な感情の一つなのです。

ここで私がお伝えしたいのは、「コンプレックスを愛せ!」ということです。

コンプレックスは、抑え込むのではなく、愛してあげる。人はコンプレックスがあるからこそ、克服するための努力をします。いい換えれば、コンプレックスの存在が強制的に努力をさせてくれるのです。

そしてこのコンプレックスを克服しようと努力をする過程で、必ず何かを得ています。とんでもない努力がなければ得られない〝何か〟を手に入れているのです。

コンプレックスを憎み、目を背けていては、そのような副産物に気づくことはできません。しかし、コンプレックスも含めた自分という存在を形成するすべてを愛して向き合うことができたのならば、努力せざるを得なかった末に、手に入れたものに気づき、それを自分の力にできるのだと思います。

会社を起業する際、自分のこれまでを振り返ってみました。なぜ、ここまで頑張ってこられたのか……。周囲が反対するほどの無謀な挑戦ができたのか……。

その原動力が、自分のなかにあった、双子であるがゆえのコンプレックスであったことに気が付いたのです。弟と比較され続けたことへの激烈なコンプレックスに打ち勝とうと、ひたすら努力してきたからこそ、今の自分があるのです。

そこで、自分を成長させてくれた〝愛すべきコンプレックス〟を会社名に刻み込もうと思い、あえて双子を意味する「ツインンズ」という言葉を冠したのです。

実は、本書を制作している最中に、私の父が突然他界しました。私が大きなコンプレックスを持つことになった原因となる存在でした。

三重県の田舎で、農家の8人兄弟の末っ子として生まれた父は、頭が良く相当な秀才だったそうですが、家にお金がなく、大学へ行くことを諦めさせられたそうです。そのため、自分の子どもだけはちゃんと良い大学に行かせたいという思いが強い人でした。前述したように、弟は望みどおり、東京大学に入りましたが、それとは正反対の方向へと進む私の取り扱いがどうにも分からない様子の父親と私は、ろくに話もしない時期が何年もありました。

それから約20年。父からすれば出来の悪いほうの私が数々の仕事でトップセールスを記録し、自分の会社を立ち上げ、自著を書けるまでになったのです。それを見せつけ、思い知らせてやるため、本書が完成したら、一番に父に見せてやりたかったのですが、どうやら親孝行したいときだけではなく、最後の反抗をしたいときにも親はなし……ということのようです。「コンプレックスの塊だったあなたにそっくり似たのは、どうやら弟ではなくオレのほうだったようだぜ」という言葉をぶつけてやりたかった。それができなかったことが心残りです。

最後になりましたが、本書の執筆では多くの方にご協力いただきました。
私とともに会社を盛り立ててくれている仲間たち、そして両親、家族……。私を成長させてくださったすべての皆さま、本当に、ありがとうございました。

この著書が、あなたの背中を押す一冊となりますように。

森下康幸

【著者プロフィール】

森下康幸（もりした　やすゆき）

ツインズ・アセット・マネジメント株式会社代表取締役
株式会社ホワイトナイト代表取締役

1982年生まれ、兵庫県西宮市出身。高校卒業後、自社販売員1万人超の某大手アパレルメーカーにて店舗での販売に携わり、全国トップクラスの販売成績を表彰されたことから販売技術向上にのめり込む。お客さまの属性ごとに特定の言動パターンがあることに気づき、接客で実験を重ね、独自の交渉における心理テクニックを確立。23歳から30歳まで、販売の武者修行として転職を繰り返す。医療機器・保険商品・会員権・不動産などさまざまな商品を販売し、すべてでトップセールスとなる。大手ホテルグループ在籍時には、海外リゾート会員権を販売し、入社4カ月で全国トップに。財閥系大手デベロッパーでのマンション販売では入社翌年に全国トップに。その後、不動産開発に携わり、2016年に不動産総合コンサルタントとして独立。現在は、東京・名古屋・大阪にて事業展開をするかたわら、全国各地で販売テクニック向上のためのセミナー講師としても活躍。

本書についての
ご意見・ご感想はコチラ

Emotional Sales Technique
～ヒトは感情で決断する～

2020年8月28日　第1刷発行

著　者　　森下康幸
発行人　　久保田貴幸

発行元　　株式会社　幻冬舎メディアコンサルティング
〒151-0051　東京都渋谷区千駄ヶ谷4-9-7
電話 03-5411-6440（編集）

発売元　　株式会社　幻冬舎
〒151-0051　東京都渋谷区千駄ヶ谷4-9-7
電話 03-5411-6222（営業）

印刷・製本　瞬報社写真印刷株式会社
装　　丁　長谷川沙恵

検印廃止

Printed in Japan
ISBN 978-4-344-92950-0　C2034

幻冬舎メディアコンサルティングHP　http://www.gentosha-mc.com/